W0079021

Zu diesem Buch

Diskussion ist gezieltes Gespräch. Also kein unverbindliches
Gerede, kein haltloses Theoretisieren, kein rechthaberisches
Selbstbehaupten. Gekonnt diskutieren heißt: aktiv zuhören, klug
fragen, begründet argumentieren, differenziert bewerten, geschickt
entgegnen, zu gemeinsamen Lösungen kommen. Eigene
Erfahrungen und gute Vorsätze reichen dazu kaum aus.
Jedes Kapitel dieses Buches ist ein kompaktes Paket von psychologischen Informationen, Techniken und Dialogbeispielen zu je
einer der wichtigsten Diskussions-Fähigkeiten. Sie werden danach
nicht nur im Beruf oder privat souveräner diskutieren, sondern
auch öffentliche Diskussionen aufmerksamer verfolgen können.
Und Sie werden mehr darüber wissen, was für ein Diskussionspartner Sie selbst sind.
Diplompsychologe Bernd Weidenmann leitet das »Institut für
wissenschaftliche Lehrmethoden — Jens Uwe Martens« in
München. Er ist Autor zahlreicher Lernprogramme, darunter
»Konferenztechnik« (1972).

Bernd Weidenmann

Diskussions Training
Überzeugen statt überreden, argumentieren statt attackieren

Rowohlt

Grafische Gestaltung
Kontor für Grafik & Design
Franz L. Neubauer, Gauting
Umschlagentwurf Kurt Heger

36.–39. Tausend   Mai 1982

Veröffentlicht im Rowohlt Taschenbuch Verlag GmbH,
Reinbek bei Hamburg, August 1975
Copyright © 1973 by Deutsche Verlags-Anstalt GmbH,
Stuttgart
Gesamtherstellung Clausen & Bosse, Leck
Printed in Germany
580-ISBN 3 499 16922 3

EINLEITUNG

»Kommunikation scheint leicht zu sein. Man ist versucht zu sagen: ›Man braucht nur . . .‹ (man braucht nur zu sprechen, sich auszudrücken, einander zu verstehen). Je weiter man sich jedoch von leeren Floskeln über das Wetter, die Gesundheit und anderen alltäglichen Informationen entfernt, je mehr man persönliche Eindrücke vermitteln möchte, um so mehr treten Verwirrung, Mißverständnisse und eine Neigung zu einem ›Dialog zwischen Stummen‹ auf.« (Roger Mucchielli)

Das ist traurig, aber wahr. Traurig deshalb, weil das Gespräch die Verbindung Nummer eins zu unseren Mitmenschen ist. Wahr, weil wir zwar systematisch lernen, wie man liest, schreibt und rechnet, aber die Fähigkeit zum Gespräch als etwas Selbstverständliches ansehen. Wir wundern uns, wenn jemand »Gieraffe« schreibt, schlucken aber in Diskussionen Ungereimtheiten, ohne mit der Wimper zu zucken. Wir wissen, daß man einen Brief nicht mit »ich« beginnen soll, aber wir bewerten andere Meinungen so undifferenziert, als ob wir nur bis zwei zählen könnten. Es gibt nichts, was mehr entmutigt, als wenn clevere Experten über ein wichtiges Problem mit den Techniken von Untersekundanern diskutieren oder wenn zwei Menschen sich im Gespräch näher kommen wollen und scheitern, weil sie elementare Gesprächshilfen nie gelernt haben.

Durch ein Buch kann man nicht lernen, besser zu diskutieren. Man kann nur erfahren, was man besser machen könnte. Man kann sensibel für Fehler werden und Wege kennenlernen, wie man Fehler vermeidet. Aber nur im Gespräch kann man Fehler vermeiden und Gesprächshilfen verwenden lernen. Vor allem aber kann ein Buch eine Einstellung zum Gespräch, speziell zur Diskussion, vorbereiten. Es ist die Einstellung, daß sich die Partner in einem Gespräch nicht gegenüber, sondern daß sie gemeinsam vor einem Problem stehen.

Erwarten Sie also keine Einweisung in die »Kunst, recht zu behalten«, sondern eine Sammlung von Informationen, Techniken und Beispielen für ein Gespräch, in dem es den Teilnehmern gelingt, Erfahrungen zu sammeln, die sie allein nicht gesammelt hätten und Probleme zu lösen, die sie allein nicht gelöst hätten.

EINVERSTANDEN?

Hier finden Sie eine Reihe von Äußerungen zum Thema dieses Buches. Kreuzen Sie bitte nur diejenigen Meinungen an, mit denen Sie spontan einverstanden sind.

Es gibt nur eine Wahrheit.

Ein guter Frager muß in erster Linie Geduld haben.

Eine Definition hat nur einen Sinn, wenn sie exakt und vollständig ist.

Wer sich durch bestimmte Worte provozieren läßt, disqualifiziert sich als Gesprächspartner.

Es gibt nur zwei Lösungen für Meinungsverschiedenheiten: Entweder es geht um Tatsachen – dann kann man eine Ansicht beweisen – oder es geht um subjektive Dinge, dann kann man sich höchstens gegenseitig verstehen.

Die Formulierung »Ja, wenn ...« ist ... meistens ein Hintertürchen, das man sich bei einer Einigung mit Diskussionspartner offenhalten möchte.

In der Naturwissenschaft kann ein Gesetz mit absoluter Sicherheit bewiesen werden.

Fragen ist oft sinnvoll, aber man gibt damit immer zu, daß man etwas nicht weiß.

g einverstanden. Er hofft, daß Sie nach der Lektüre derselben Meinung sind.

Diskutieren ist nun einmal die Kunst, recht zu behalten.

Für jeden Begriff gibt es theoretisch eine eindeutige Definition. Ob man sie kennt, ist eine andere Sache.

Die Frage »Was wollen Sie damit sagen?« klärt nicht, sondern provoziert Wischi-waschi-Antworten.

Das Wichtigste beim Zuhören ist, den anderen ausreden zu lassen.

Oft sagt man : »Wir verstehen unter diesem Wort etwas Verschiedenes«, wenn man Gegensätze in der Sache vertuschen will.

Man hilft in einer Diskussion niemandem, wenn man bei einer Kritik immer mit dem Positiven beginnt.

Es wäre viel gewonnen, wenn man Diskussionsbeiträge ausschließlich danach beurteilen würde, ob sie brauchbar sind oder nicht.

Es ist traurig, aber wahr: Wenn man in Diskussionen nicht selbst mit Tricks arbeitet, kommt man unter die Räder.

Bei einer ernsten Diskussion soll man nicht die Gemeinsamkeiten, sondern die Unterschiede suchen.

Wer sich nicht klar ausdrücken kann, denkt auch nicht klar.

Kritisieren soll nur, wer es auch besser machen kann.

Jede Statistik lügt.

Es ist eine Illusion zu glauben, daß es zu jedem Thema bei allen Gesprächspartnern Gemeinsamkeiten in der Sache gibt.

Der Autor dieses Buches ist mit keiner einzigen Mein

Wenn man bei einem Argument nicht ohne Erläuterungen auskommt, sollte man es besser noch einmal prüfen. Gute Argumente sprechen für sich.

Jede Meinung muß – im Prinzip – richtig oder falsch sein.

In Diskussionen sollte man mit dem Grundsätzlichen beginnen. Erst dann hat es einen Sinn, konkret zu werden.

GEBRAUCHSANWEISUNG

Sie können bei diesem Buch beginnen, wo Sie wollen. Die Kapitel sind in sich abgeschlossen und in gewissem Sinne voneinander unabhängig. Wenn es Sie interessiert, warum sie doch so angeordnet sind, lesen Sie hier weiter; wenn Sie gleich wissen wollen, worum es in den einzelnen Kapiteln geht, schlagen Sie die nächste Seite auf.

Die Kapitel sind in drei Gruppen unterteilt: »Inhalt«, »Übersetzung« und »Übertragung«. Was heißt das?

In jedem Gespräch spielen wir abwechselnd zwei Rollen: den Sprecher und den Zuhörer. In Zeitlupe sieht das so aus:

	wir haben einen Gedanken
	wir formulieren ihn
	wir sprechen ihn aus

oder als Zuhörer:

wir hören eine Aussage	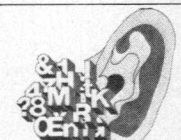
wir setzen uns mit der Formulierung auseinander	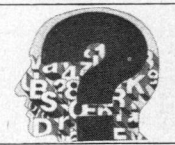
wir setzen uns mit dem Sinn der Aussage auseinander	

Es geht um drei Dinge:

INHALT

einen Gedanken haben
oder
sich mit dem Sinn einer Aussage auseinandersetzen

ÜBERSETZUNG

einen Gedanken formulieren
oder
sich mit einer Formulierung auseinandersetzen

ÜBERTRAGUNG

eine Aussage aussprechen
oder
hören

Störungen des gegenseitigen Verständnisses können hinsichtlich des Inhaltes, der Übersetzung oder der Übertragung auftreten:

Störungen hinsichtlich des Inhalts:
falsche Schlüsse ziehen
einseitig bewerten
ungerechtfertigte Unterschiede sehen

Störungen hinsichtlich der Übersetzung:
provokative Formulierungen
zu abstrakte Darstellung
absichtliches Verunsichern

Störungen hinsichtlich der Übertragung:
unnötige Wiederholung
Desinteresse
Ungeduld

Die einzelnen Kapitel gehen von den häufigsten Störungen aus und bieten dazu Lösungen an

ORIENTIERUNGSTAFEL

Die einzelnen Kapitel haben folgende Ziele:

TITEL

INHALT

1

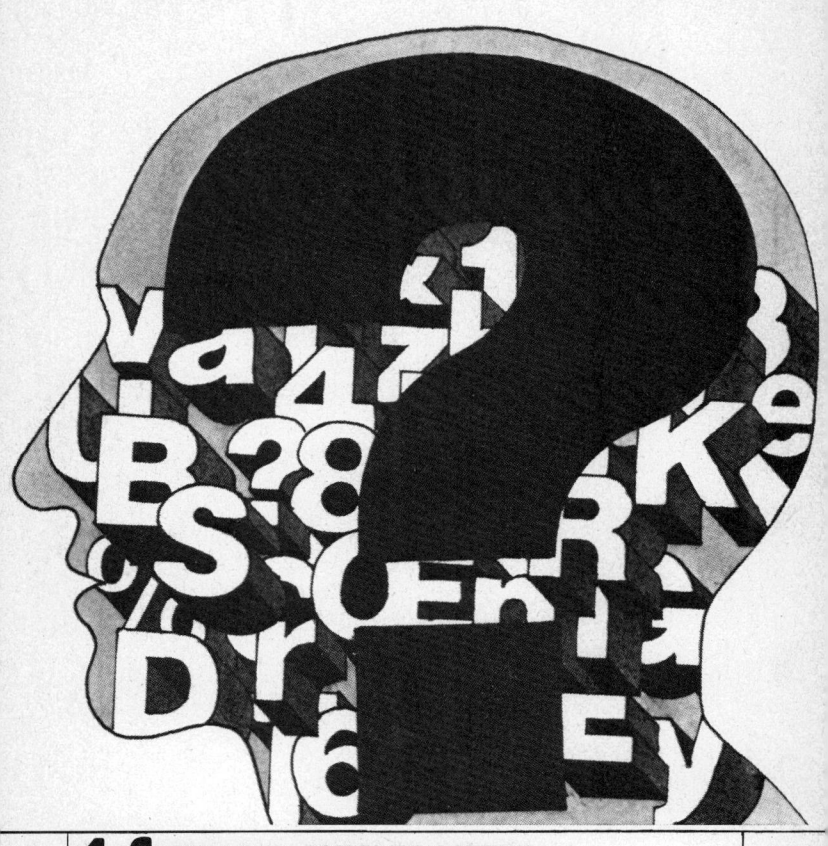

Summa summarum

Stellen Sie sich einen Moment lang vor, alle gesprochenen Worte würden sich zu greifbaren Buchstaben anhäufen. Es wäre interessant, nach einem Tag den eigenen Wortberg zu inspizieren und ihn wie bei einem Kassensturz nach verschiedenen Stößen zu ordnen. Folgende Gruppen könnte man bilden:

Ein Amateurredner kommt mit einem Atemholen für etwa zehn Worte aus. Unser Sprechapparat kann also leicht eine Stundenleistung von 5000 Worten verkraften. Zuhörer bei Parteitagen und Kongressen, Sekretärinnen und Schulkinder wissen das. Außer Profis wie Schauspielern, Sportreportern, Politikern, Lehrern und schlechten Verkäufern redet jeder von uns deutlich weniger als 5000 Worte pro Stunde. Trotzdem: Sobald wir Gelegenheit dazu haben, reden wir viel. Wissen wir auch, was?

Gruppe 1: Aussagen über Eindrücke (Gehörtes, Gesehenes usw.)		»Sie wohnen hier wirklich herrlich.«
Gruppe 2: Aussagen über sich (Gefühle, Wünsche, Eigenschaften)		»Früher konnte man im Rialto nicht essen. Aber gestern haben wir dort eine sehr gute Pizza bekommen.«
Gruppe 3: Einfälle und Vorschläge (Ideen, Pläne, Lösungen)		»Wie haben Sie das eben gemeint? Was hat die Hubraumbesteuerung mit Umweltverschmutzung zu tun?«
Gruppe 4: Entscheidungen und Urteile über andere (Verhaltensanweisungen, Kritik)		»Ehrlich gesagt, es fällt mir verdammt schwer, zu jemandem freundlich zu sein, den ich nicht akzeptiere.«
Gruppe 5: Fragen an andere		»Sie sollten besser planen. Legen Sie sofort eine Liste mit allen Namen und Terminen an.«
Gruppe 6: Konversation (Äußerungen – auch von Gruppe 1 bis 5 – mit dem Zweck, ein Klima der Übereinstimmung herzustellen oder aufrechtzuerhalten.)		»Ich finde, wir sollten erst abwarten, was er selbst dazu sagt. Dann können wir weiterreden.« (Lösungen: 6, 1, 5, 2, 4, 3)

Bis auf einen kleinen Rest ließen sich die meisten Wortberge in diese sechs Stöße aufteilen. Probieren Sie es bitte einmal mit den folgenden sechs Äußerungen. Tragen Sie in die Kästchen jeweils die Nummer der Gruppe ein, die Sie für zutreffend halten. (Die Lösung finden Sie untenstehend.)

Beim Sortieren der Äußerungen würde man sicher auf typische Verteilungen stoßen: Manche würden vielleicht zu ihrer Überraschung feststellen, daß sich 90 % ihrer Äußerungen auf die Gruppen 2 und 6 verteilen lassen; nur wenige kämen zu sechs gleichgroßen Stößen.

Gibt es für jeden von uns eine charakteristische Verteilung der Äußerungen? Machen Sie sich den Spaß und stufen Sie sich selbst ein! Stellen Sie sich dazu vor, wie sich ihre Äußerungen während der letzten Monate wohl auf die sechs Gruppen verteilen. Peilen Sie über den Daumen! In die Kästchen der ersten Reihe werden die Prozentsätze der Äußerungen eingetragen, die jeweils auf die Gruppe entfallen. Prüfen Sie abschließend, ob Sie summa summarum auf 100 % kommen. Die Kästchen der zweiten Reihe sind für die Einstufung Ihrer Äußerungen durch eine außenstehende Person, die Sie gut kennt, bestimmt.

	selbst	durch andere
Gruppe 1: Aussagen über Eindrücke	%	%
Gruppe 2: Aussagen über sich	%	%
Gruppe 3: Einfälle und Vorschläge	%	%
Gruppe 4: Entscheidungen und Urteile über andere	%	%
Gruppe 5: Fragen an andere	%	%
Gruppe 6: Konversation	%	%
summa summarum	100 %	100 %

Fragen Sie jetzt bitte nicht: Ist meine Aufteilung »gut«? Fragen Sie sich: Wo stuft mich der andere deutlich anders ein? Fragen Sie den anderen: Wo wünscht er sich bei mir eine andere Aufteilung und warum? Sie werden dabei wichtige Informationen über Ihren Gesprächshabitus gewinnen und feststellen: Ob Gesprächsinhalte wie Äußerungen über sich, Fragen usw. »gut« sind, hängt vom **Gesprächspartner** und vom **Gesprächsziel** ab.

Ihrer Sekretärin gegenüber werden Entscheidungen und Urteile vorherrschen. Ihre Ehefrau aber würde sich über ein solches Gesprächsverhalten ihr gegenüber zurecht beklagen; sie erwartet Aussagen über Eindrücke und Aussagen über sich von Ihnen. Ebenso ist das Gesprächsziel entscheidend: Bei einem Kontaktgespräch wird die Konversation überwiegen; bei einer Konferenz müssen Sie als produktiver Teilnehmer Einfälle und Fragen von sich geben.

Ein guter Diskussionsteilnehmer ist inhaltsbewußt! Er weiß, ob im Augenblick Konversation gemacht wird oder ob z. B. Einfälle und Vorschläge dominieren. Er weiß auch, ob das zu Gesprächspartner und Gesprächsziel paßt.

Viel Lärm......

Situation A

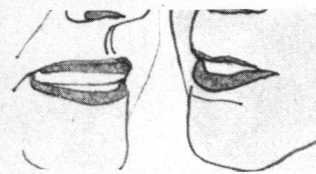

»Dreh bitte das Radio ein bißchen lauter. Ich mag die Musik. Die Jupitersymphonie.«

»Jupitersymphonie? Das ist Haydn. Hört man doch.«

»Ich kenne doch die Jupitersymphonie. Kennst du sie denn?«

»Also Haydn kann ich von Mozart immer noch unterscheiden. Und die Jupiter ist es auf keinen Fall.«

»Von Mozart verstehe ich mehr als du.«

»Was? Das sieht man ja!«

Situation B

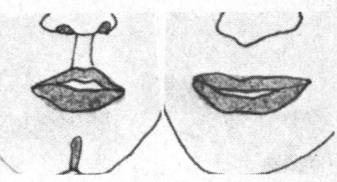

»Mußt du schon wieder weg?«

»Fräulein Hansen will mit mir ihre Steuererklärung besprechen.«

»Die will doch was anderes.«

»Wie kommst du denn darauf?«

»Du glaubst doch nicht im Ernst, daß die Steuererklärung der einzige Grund für sie ist.«

»Natürlich glaube ich das. Sie ist nicht der Typ, wie du ihn dir vorstellst.«

»Du willst es nur nicht wahrhaben.«

»Nein, ich kenne sie besser.«

Situation C

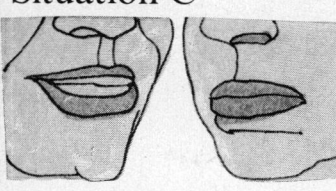

»So schnell kriegst du mich
nicht mehr ins Kino.«
**»Wieso denn? Der Film war
doch umwerfend komisch.«**
»Langweilig war er. Da kann
man doch nicht mehr lachen.
Hat bloß noch gefehlt, daß sich
einer in eine Sahnetorte setzte.«
**»Das finde ich nicht. Die Szene
mit dem Elefanten war doch zum
Totlachen.«**
»Komischer Humor.«

Die neutralste Bezeichnung für
eine solche Gesprächssituation
ist Meinungsverschiedenheit.
Manchmal ist sie unterhaltend,
manchmal explosiv. Eines ist
sicher: Ohne Meinungsverschiedenheiten gäbe es keine Diskussion. Aber: Viele Meinungsverschiedenheiten dürften gar nicht
erst zu einer Diskussion führen!
Meistens passiert es doch. Dann
diskutiert man um des Kaisers
Bart.
Das ist typisch für Meinungsverschiedenheiten:

Start Eine Person äußert
die Meinung A, eine
andere Person die
Meinung B. (Mei-
nung A und B sind
verschieden.)

Ziel 1. Jeder bleibt bei
seiner Meinung.
2. Beide kommen zu
einer Meinung.

Dazwischen liegt das Gespräch
und viel Psychologie. Hören wir
dazu den Psychologen:
Entscheidend bei der Analyse
von Meinungsverschiedenheiten
sind zwei Eigenschaften des
Menschen. Erstens empfinden
wir unsere Meinungen als zutreffend. Sie sind mit einem Gefühl der Gewißheit verbunden.
Decken sich neue Informationen mit unseren vorhandenen
Überzeugungen, lösen sie in uns
das sogenannte **Evidenzerlebnis**
aus, das Empfinden ›es stimmt‹,
›es leuchtet ein‹.

17

Die zweite Eigenschaft: Eine gegenteilige Meinung löst in uns eine Spannung aus, eine **kognitive Dissonanz,** die wir auflösen wollen. In der Regel versuchen wir deshalb, den anderen von der Richtigkeit unserer Meinung und der Falschheit seiner Meinung zu überzeugen. Da aber auch der andere diese Eigenschaften aufweist und dasselbe Bedürfnis verspürt, ist eine Einigung schwer vorstellbar.

Gibt es trotzdem eine Lösung?

Versuchen Sie zuerst einmal, die drei Situationen A, B, C (s. o.) hinsichtlich der Schwierigkeit einzustufen.

Reihenfolge hinsichtlich der Schwierigkeit, eine Meinungsverschiedenheit zu lösen:

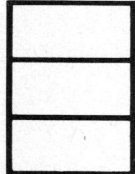

Die einfachste Lösung läßt sich in **Situation A** finden. Es gibt ein eindeutiges Kriterium, nach dem jede der beiden Meinungen als falsch oder richtig bezeichnet werden kann. (In diesem Fall wird es der Rundfunksprecher sein, der sagt: »Sie hörten die Symphonie Nr. 41 von Wolfgang Amadeus Mozart.«) Gott sei Dank ist in Situation A dieses Kriterium verfügbar und wird wohl von beiden Gesprächspartnern anerkannt.

Das Gespräch A wäre besser so verlaufen: »Warten wir ab. Wir werden ja die Ansage hören.« In **Situation B** gibt es kein eindeutiges Kriterium im strengen Sinne. Aber jeder Gesprächspartner kann Hilfskriterien (Beobachtungen, Erfahrungen, Fakten) anführen, die vielleicht seine Meinung als wahrscheinlicher, d. h. plausibler erscheinen lassen als die andere. Wenn der andere Gesprächspartner die Hilfskriterien anerkennt und seine Meinung ändert, ist die Meinungsverschiedenheit aufgehoben. Erkennt er sie nicht an, ist nichts gewonnen; der Disput verlagert sich dann von den Meinungen auf die Hilfskriterien.

Gespräch B hätte also so verlaufen können:

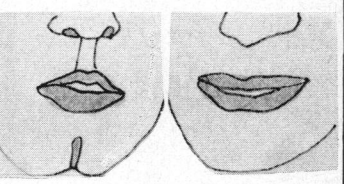

»Wie kommst du eigentlich zu dieser Ansicht über Fräulein Hansen?«
»Warum hat sie gerade dich gebeten, ihr zu helfen? Sie kennt doch noch andere Leute.«
»Wenn es so gewesen wäre, könnte ich dich eher verstehen. Aber ich selbst habe es ihr angeboten.«

In **Situation C** gibt es weder ein eindeutiges Kriterium noch sind Hilfskriterien denkbar, nach de-

nen eine Meinung als zutreffend(er) bewertet werden könnte.
Es geht um Empfindungen und Gefühle. Sie können weder »richtig« noch »falsch« sein. Hier den anderen von unserer Meinung überzeugen zu wollen, wäre genauso sinnlos wie von ihm zu verlangen, er solle Kopfschmerzen bekommen, weil wir welche haben.

In einer solchen Situation kann und soll das Gespräch nur dazu führen, den anderen zu verstehen, d. h. seine psychische Wirklichkeit so gut es geht zu erleben. In diese Kategorie gehören z. B. auch Meinungsverschiedenheiten zum Thema Weltanschauung.
Gespräch C hätte so enden können:

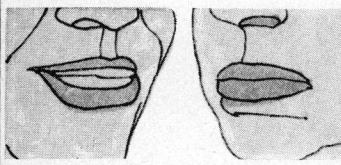

»Welchen Film findest du denn komisch?«
»Chaplin finde ich komisch. Ich muß zugeben, das sind oft die gleichen Gags wie eben. Aber heute, in Farbe mit normalen Schauspielern wirkt sowas einfach unecht auf mich. Verstehst du das?«
»Ja. Wenigstens können wir beide über Chaplin lachen.«

Hier die Quintessenz in Form einer Strategietafel zur Lösung von Meinungsverschiedenheiten:

Strategietafel zur Lösung von Meinungsverschiedenheiten

Meinungsverschiedenheiten					
Situation A Eindeutiges Kriterium verfügbar und anerkannt		Situation B Hilfskriterien verfügbar und anerkannt		Situation C keine Kriterien sinnvoll (»psychische Wirklichkeit«)	
Strategie a Kriterium anwenden		Strategie b Hilfskriterien anführen und Anerkennung versuchen		Strategie c nur anhören und fragen	
erfolgreich	erfolglos	erfolgreich	erfolglos	erfolgreich	erfolglos
Lösung durch Gewißheit	Diskussion beenden	Lösung durch größere Plausibilität	Diskussion beenden	Lösung durch gegenseitiges Verstehen	Diskussion beenden

Achten Sie auf die Konsequenz »Diskussion beenden«! Dann streiten Sie nicht »um des Kaisers Bart«.

Jetzt sind Sie an der Reihe! Wenden Sie die Strategietafel auf die folgenden Meinungsverschiedenheiten an und tragen Sie in die Felder die Strategie (a, b oder c) ein, die Sie jeweils für zutreffend halten.

Stören Sie sich bitte nicht an den durcheinandergewürfelten Themen. Man glaubt kaum, worüber Meinungsverschiedenheiten entstehen können!

	Meinungen	Strategie
1.	**Napoleon war Neurotiker.** Napoleon war psychisch gesund.	
2.	**In 100 Jahren wird man eine Genehmigung brauchen, um Kinder bekommen zu dürfen.** Der Staat wird immer Geburten fördern.	
3.	**Spinat enthält mehr Eisen als jedes andere Gemüse.** Es gibt Gemüse, das mehr Eisen enthält als Spinat.	
4.	**Es gibt ein Leben nach dem Tode.** Es gibt kein Leben nach dem Tode.	
5.	**Boxen sollte verboten werden.** Boxen ist ein Sport wie jeder andere.	
6.	**Der »Faust« ist ein wunderbares Kunstwerk.** Der »Faust« ist zum großen Teil ungenießbar.	
7.	**Frauen sind in der Regel schlechtere Autofahrer als Männer.** Das ist nicht wahr.	
8.	**Sie haben von Marx keine Ahnung.** Ich kenne Marx besser als Sie.	

Lösung: 1. b; 2. b (eindeutige Kriterien gibt es erst in 100 Jahren, sie sind jetzt nicht verfügbar); 3. a; 4. c; 5. c (evtl. auch b: z. B. als Hilfskriterium, daß es bei keiner Sportart so viele Tote gibt); 6. c; 7. b (»schlechte Autofahrer« ist zu vage, es kann nicht eindeutig nachgewiesen werden); 8. b (»keine Ahnung« ist zu vage).

Gegensätze ziehen sich an

Das zweiwertige Schwarzweißdenken ist besonders in der Form »Wer nicht für mich ist, ist gegen mich« ein Gesprächstöter. Sie kennen das bestimmt: Wenn man nicht den Eindruck hat, der andere stimme zu, ist man schnell davon überzeugt, der andere lehne alles ab. Es wird darüber hinweggesehen, daß es nicht nur Unterschiede, sondern auch Gemeinsamkeiten gibt. Beide sollten so genau wie möglich geortet werden, denn für eine Diskussion sind die Unterschiede zwar der Motor, die Gemeinsamkeiten aber die Räder.

Hier treffen bei zwei Gesprächspartnern folgende Gegensätze aufeinander:

»Ich finde es vollkommen richtig, daß man Abtreibung weiterhin unter Strafe stellt.«

»Das können nur Männer sagen. Es klingt zwar hart, aber jede Frau hat ein Recht auf ihren Bauch.«

»Sie hat kein Recht auf Tötung. Und das ist es in jedem Falle.«

Die Fronten sind abgesteckt. Die Einigung erscheint jedem Partner unüberwindlich. Die häufigste Reaktion: Jeder versucht die Kluft zu verringern, indem er den anderen herüberzieht. Im Gespräch heißt das: Dem anderen wird klargemacht, daß er im Unrecht sei und nur mangelnde Einsicht, Wissenslücken oder pure Starrköpfigkeit ihn davon abhielten, seinen Irrtum zuzugeben. Wenn dieses Tauziehen einmal angefangen hat, kann's nicht gut gehen. Entweder gewinnt der Stärkere oder einer gibt aus Unlust auf oder das Tau reißt. Einseitiges Nachgeben scheidet aus, weil der andere es als Sieg verbuchen könnte.

Man kann natürlich bei solchen Gegensätzen ein Gespräch erst gar nicht beginnen, weil man sich sagt, daß es doch nichts bringen würde. Das ist ver ständlich und vielleicht sogar weise, aber es stellt einen Offenbarungseid dar für die Diskussion als eine Methode, gemeinsam mehr zu erfahren als allein. Es geht auch anders: indem man Gemeinsamkeiten findet. Versuchen Sie in der nächsten Diskussion, die – trotz aller Gegensätze bestehenden – Gemeinsamkeiten der Gesprächspartner zum Thema »Abtreibung« aufzuspüren. Notieren Sie sich die Gesprächsinhalte, über die sich die Partner Einigkeit bescheinigen!

»Ich finde es vollkommen richtig, daß man Abtreibung weiterhin unter Strafe stellt.«

»Das können nur Männer sagen. Es klingt zwar hart, aber jede Frau hat ein Recht auf ihren Bauch.«

»Sie hat kein Recht auf Tötung. Und das ist es in jedem Fall.«

»Töten kann man nur, was schon lebt. Wann sprechen Sie von Leben?«

»Ich weiß, daß das nicht eindeutig zu bestimmen ist. Doch ich meine, nach der Befruchtung der Eizelle.«

»Das sagen auch die Theologen. Aber ist eine befruchtete Eizelle schon ein Mensch? Das ist doch höchstens ein möglicher Mensch. Und der Plan zu einem

Menschen steckt in jeder Körperzelle. Es ist immer willkürlich, was wir als ›Leben‹ oder ›Mensch‹ bezeichnen.«

»Dann sagen Sie also, daß man erst nach der Geburt von einem Menschen sprechen kann?«

»Allerdings. Weil er erst dann ein selbständiger Organismus ist.«

»Das ist auch eine völlig willkürliche Definition. Genauso könnten Sie sagen: sobald das Gehirn entsteht oder sobald das Herz schlägt.«

»Das ist richtig. Ich glaube, wir sind uns einig, daß wir vorerst nur willkürlich bestimmen können, was Leben oder was ein Mensch ist.«

»Eines halten Sie doch sicher auch für sinnvoll: daß jeder Mensch ein Recht auf Leben hat, und daß man prüfen muß, ob das auch für einen ungeborenen Menschen gilt.«

»Ich will Ihnen noch ein Stück entgegenkommen. Eine Abtreibung sollte so früh wie möglich vorgenommen werden. Aber ein grundsätzliches Verbot finde ich unsinnig. Um so mehr, wenn es sich auf eine willkürliche Bestimmung von ›Leben‹ und ›Mensch‹ stützt. Denn ein Verbot hat Konsequenzen, die das Leben von Frauen gefährden. Und Frauen sind zweifellos auch Menschen mit Rechten.«

»Sie meinen die illegalen Abtreibungen durch Pfuscher?«

»Richtig. Finden Sie nicht auch, daß man in erster Linie dagegen etwas unternehmen sollte?«

»Diese Leute muß man so hart wie möglich bestrafen. Deswegen bin ich ja für das Verbot der Abtreibung.«

»Aha, ich dachte, nur aus ethischen Gründen. Sie sagen ›deswegen‹. Aber die gefährlichen illegalen Abtreibungen gibt es doch nur wegen des Verbots! Wenn es Ihnen wirklich ernst ist, etwas dagegen zu tun, dann müssen Sie doch gegen das Verbot sein.«

»Ich stimme zu, daß pragmatische Gründe eher für eine Abschaffung des Verbots sprechen. Aber ethische sprechen dagegen.«

»Es gibt ja Zwischenlösungen. Zum Beispiel wird vorgeschlagen, daß ein Ausschuß von Medizinern oder Psychiatern in jedem Fall entscheidet, ob eine Abtreibung zu verantworten ist. Dann entscheidet nicht die Frau, sondern der Ausschuß. Das könnten sie doch unterschreiben, nicht?«

»Das wichtigste ist, die illegalen Abtreibungen zu verhindern. Wenn es keine andere Möglichkeit dazu gibt, als das Verbot abzuschaffen, muß wenigstens ein solcher Ausschuß eingerichtet werden, denn ohne Kontrolle geht es nicht.«

»Sie sind sehr konsequent, wenn Sie sagen: Wegen der illegalen Abtreibungen doch das Verbot abschaffen. Nun zur Kontrolle. Ich bin dagegen, weil ich finde, nur die betroffene Frau kann entscheiden.«

»Das gilt vielleicht für viele Frauen. Aber es gibt Frauen, die eine Abtreibung bereut haben. Nicht, weil sie körperlich gelitten haben, sondern weil sie es einmal aus Gründen wollten, die vielleicht schon Monate später nicht mehr da waren. Gründe, die ein Psychiater hätte erkennen und beeinflussen können.«

»Zum Beispiel?«

»Angst vor der Reaktion des Freundes oder der Eltern.«

»Gut, eine Kontrolle kann sinnvoll sein. Das sehe ich ein.«

»Aber?«

»Aber kann ein Ausschuß die Aufgabe wirklich erfüllen, wenn er sie ernst nimmt? Wie lange braucht man, um die Frau, ihre Verhältnisse, ihre Zukunft einschätzen zu können?«

»Jetzt sagen Sie: Der Ausschuß kann nicht immer das Ideal erreichen. Also weg mit ihm. Ist das gerechtfertigt?«

»Es gibt ein wichtigeres Argument, gerade im Zusammenhang mit den illegalen Abtreibungen, die wir beide verhindern wollen. Ein Ausschuß wird gerade die Frauen abschrecken, die heute zum Kurpfuscher gehen. Wer intelligent ist und Geld hat, wird es auch vor dem Ausschuß leichter haben oder ins Ausland in die Klinik gehen.«

»Das leuchtet mir ein. Aber ohne Kontrolle wird die Zahl der Abtreibungen ganz sicher ansteigen. Ich möchte am liebsten gar keine Abtreibungen. Sie doch auch, oder?«

»Aber klar. Dagegen kommt

man per Gesetz sowieso nicht an. Das beste wäre, unerwünschte Schwangerschaften zu verhindern. Und dazu fehlen einfach Information und kostenlose Versorgung mit Verhütungsmitteln. Vor allem bei den Bevölkerungsteilen, die heute illegal abtreiben.«

»Dagegen ist nichts zu sagen. Obwohl man verlangen kann, daß man sie selbst zahlt.«

»Das müßte man einfach mal untersuchen. Wenn sich herausstellt, daß Verhütungsmittel häufiger angewendet werden, wenn sie nichts kosten, muß der Staat das investieren. Die illegalen Abtreibungen kosten mehr.«

»Wenn wir jetzt Politiker wären und uns einigen müßten, käme wahrscheinlich so was wie die Freigabe bis zum dritten Monat und eine Kampagne ›Verhütung‹ heraus. Vorausgesetzt, daß es kein anderes Mittel zur Senkung der illegalen Abtreibungen gibt und man sich nicht auf eine Definition von ›Leben‹ und ›Mensch‹ einigt.«

»Wobei Sie mehr Anerkennung für Ihre Kompromißbereitschaft verdienen als ich.«

»Nun machen Sie mal einen Punkt.«

Lösung:
Darin waren sich die Diskussionspartner einig:

1. Was »Leben« und »Mensch« ist, kann nur willkürlich bestimmt werden.

2. Jeder Mensch hat ein Recht auf Leben, und man muß prüfen, ob das auch für Ungeborene gilt.

3. Eine Abtreibung sollte so früh wie möglich vorgenommen werden.

4. Illegale Abtreibungen sollten verhindert werden.

5. Illegale Abtreibungen sprechen für eine Abschaffung des Verbotes.

6. Eine Kontrolle der Abtreibung ist sinnvoll.

7. Ein Ausschuß wird illegale Abtreibungen nur zum Teil verhindern.

8. Die Zahl der Abtreibungen sollte reduziert werden.

9. Man sollte die Anwendung von Verhütungsmitteln fördern.

10. Eventuell als Kompromiß: Freigabe bis zum dritten Monat.

Die erreichten Gemeinsamkeiten sind verschiedener Art:

* Gemeinsamkeiten von vornherein (a priori)

* Gemeinsamkeiten durch Absprache

* Gemeinsamkeiten durch Annäherung

Gemeinsamkeiten a priori:
Das sind Gemeinsamkeiten, die bereits vor dem Gespräch bestehen. Je mehr dieser Gemeinsamkeiten zum Thema Sie in der Anfangsphase der Diskussion herausfinden und aussprechen, desto besser. Später spielen sie vor allem in Momenten eine Rolle, wo die Gesprächspartner hart aufeinanderprallen und sich zu entzweien drohen. Ein Verweis auf A-priori-Gemeinsamkeiten kann wieder für gemeinsamen Boden sorgen.

Gemeinsamkeiten durch Absprache
Gemeinsamkeiten durch begrenzende Absprachen sind Einigkeit der Partner über Punkte wie »darüber reden wir, darüber nicht«, »das können wir klären, das nicht«, »wir wollen uns ausreden lassen«, »wir wollen nicht überstimmen, sondern überzeugen«.

Auch diese Gemeinsamkeiten sind Räder, auf denen die Diskussion fährt und ohne die sie oft steckenbleibt.

Gemeinsamkeiten durch Annäherung
Diese Gemeinsamkeiten sind die wertvollsten, denn sie kommen nur durch das Gespräch zustande. Sie sind dessen Ergebnis und daher auch eine Quittung für die Gesprächspartner. Wie beim Tauziehen denkt man bei »Annäherung« zuerst daran, daß ein Partner (gern oder ungern) nachgibt. Deshalb fällt es auch so schwer, als erster nachzugeben.
Das beste Rezept gegen diese falsche Einstellung ist, sich klarzumachen, daß nicht der eine den anderen fordert, sondern das Diskussionsziel beide gemeinsam. Dann sind es auch nicht »die Argumente des anderen«, die überzeugen, sondern »die Argumente«.
Prüfen Sie jetzt, wie sich die 10 Gemeinsamkeiten im vorangegangenen Gespräch auf diese drei Gruppen verteilen lassen und tragen Sie die entsprechenden Nummern von 1 bis 10 ein:

Gemeinsamkeiten a priori	
Gemeinsamkeiten durch Absprache	
Gemeinsamkeiten durch Annäherung	

So nützlich echte Gemeinsamkeiten sind, so gefährlich sind **faule Kompromisse.** Dabei steht hinter faulen Kompromissen meistens keine böse Absicht. Im Gegenteil: Sie kommen meistens »um des lieben Friedens willen« oder in der Einstellung »der Klügere gibt nach« zustande.

Trotzdem, die Sache stinkt. Denn ein Nachgeben, ohne überzeugt zu sein, oder ein Ja, das man eigentlich einschränken müßte, hilft weder Ihnen noch dem anderen, noch der Sache. Sie strapazieren Ihre Ehrlichkeit, der andere wird getäuscht und die Sache – das Ergebnis der Diskussion – bleibt eine halbe Sache.

Nicht immer lassen sich faule Kompromisse so leicht erkennen wie an diesen Wendungen:

»Wenn Sie meinen . . .«

»Gut, wenn Sie darauf bestehen . . .«

»Ich bin zwar nicht überzeugt, aber . . .«

»In Gottes Namen . . .«

»Wenn's denn sein muß . . .«

Es ist in solchen Fällen immer besser, eine ehrliche Gemeinsamkeit über die fehlende Gemeinsamkeit herzustellen, als eine falsche Gemeinsamkeit hinzunehmen.

In dem angeführten Gespräch wird eine Möglichkeit gezeigt, wie man einem faulen Kompromiß aus dem Wege geht:

»Ja, wenn . . . «

Der eine Gesprächspartner faßt zusammen:

»Wenn wir jetzt Politiker wären und uns einigen müßten, käme wahrscheinlich so was wie die Freigabe bis zum dritten Monat und eine Kampagne ›Verhütung‹ heraus. Vorausgesetzt, daß es kein anderes Mittel zur Senkung der illegalen Abtreibungen gibt und man sich nicht auf eine Definition von ›Leben‹ und ›Mensch‹ einigt.«

Das ist kein Hintertürchen, sondern die unerläßliche Präzisierung der Einigung. Wer sie versucht, zeigt, daß er die Diskussion ernstgenommen hat.

27

Ist doch logisch......

Kurzschlüsse

ALLE PUDEL SIND HUNDE.

NERO IST EIN HUND.

ALSO IST NERO EIN PUDEL.

Sie sagen: »Unsinn.« Das stimmt.

Stimmt es hier auch?

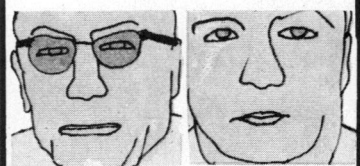

»Da demonstrieren sie wieder. Ich verstehe gar nicht, wie die Regierung da tatenlos zusieht. Ich habe erlebt, was Kommunismus heißt, wissen Sie.«

»Was würden Sie denn tun?«

»Man müßte der Jugend sagen, was Kommunismus wirklich ist. Und die kommunistische Partei verbieten. So geht's doch nicht weiter.«

»Sie können doch nicht einfach die kommunistische Partei verbieten. Erstens ist das undemokratisch und zweitens haben die zum Teil ein vernünftiges Programm. Der Kapitalismus kann so auch nicht weitergehen.«

»Sie sind ja selbst ein Kommunist.«

»Wie kommen Sie denn darauf?«

»Hören Sie mal, das ist ja wohl logisch, nicht?«

Ist das logisch?
Sie sind sicher auch der Meinung: Es ist nicht logisch; es ist eher psychologisch. Psychologisch deshalb, weil wenige Äußerungen beim Zuhörer das Bild »Kommunist« entstehen ließen. Er hatte sie vielleicht bisher nur von Kommunisten gehört oder sie machen in seinen Augen bereits den Kommunisten aus. Bei Tieren spricht man von »**Auslösern**«: Bereits ein Stück Holz mit einem roten Farbklecks löst z. B. beim Stichling das Verhalten »Rivalen bekämpfen« aus. Der Rivale ist zu einem roten Farbklecks zusammengeschrumpft.

Der Vorteil: Man reagiert im Ernstfall schneller. Der Nachteil: Man kämpft vielleicht gegen einen Pappkameraden. Der Grund: Es ist ökonomischer; man muß weniger behalten, vergleichen, untersuchen.

Bevor wir von der Psycho-Logik zur Logik kommen, ein Vorschlag: Notieren Sie hier spontan, welche »Auslöser« genügen, um bei Ihnen die Reaktion »Kommunist« auszulösen. Denken Sie bitte nicht länger als 5 Sekunden nach.

Auslöser »Kommunist«:

KOMMUNIST

Nehmen Sie nun ein gutes Lexikon (als Kriterium) zur Hand und vergleichen Sie, was danach einen Kommunisten charakterisiert.

Um Kurzschlüsse zu verhindern, wurde die Logik entwickelt. Es ist kein Zufall, daß Psychologie und Logik dieselben Väter haben, z. B. Aristoteles. Warum sollte nicht auch derjenige Verkehrsregeln erfinden, der am besten über Unfallursachen informiert ist!

Logik besteht aus Regeln. Sie sind nicht unumstößlich, d. h., es gibt nicht »die« Logik. Entscheidend für ihren Einsatz ist in erster Linie ihre Brauchbarkeit für Schlußfolgerungen über Ereignisse, die um uns passieren.

Fehler kann man machen, wenn man die Regeln nicht einhält oder auf einen bestimmten Sachverhalt nicht dafür geeignete Regeln anwendet. Das erste ist **unlogisch,** das zweite einfach **unpassend.** Unlogisch sind unser Pudelbeispiel und der Herr in unserem Gesprächsausschnitt (warum, werden wir gleich sehen); unpassend ist

z. B., wenn jemand die Existenz eines Gottes mit der Logik unserer Wissenschaft »beweisen« möchte.

Wenden wir nun einmal eine bekannte logische Spielregel auf den Herrn im Gesprächsbeispiel an. (Daß sie für das Pudelbeispiel gilt, sehen Sie selbst.)

Die Regel heißt: Bei einer Aussage vom Aufbau

„WENN DAS ERSTE, DANN DAS ZWEITE"

ist nur ein Schluß vom Vordersatz auf den Nachsatz zulässig: »Es gilt das erste, also gilt das zweite.«

Nicht zulässig ist der Schluß vom Nachsatz auf den Vordersatz: »Es gilt das zweite, also gilt das erste.«

Bitte sagen Sie nicht, das sei alles graue Theorie. Gegen diese logische Regel verstößt nämlich nicht nur der Herr im obigen Gespräch. Seiner Aussage liegt der unausgesprochene Satz zugrunde:

»Wenn jemand Kommunist ist, dann ist er gegen ein Verbot seiner Partei und kritisiert den Kapitalismus.«

Der Herr schließt nun vom Nachsatz auf den Vordersatz: »Es gilt: Jemand ist gegen ein Verbot der kommunistischen Partei und kritisiert den Kapita-lismus; also gilt: Er ist ein Kommunist.«

Dieser Schluß kann zwar in einigen Fällen richtig sein, aber er verstößt gegen die genannte Regel; demnach ist er unzulässig, d. h. unlogisch.

Ein unzulässiger Umkehrschluß mogelt sich zu leicht unbemerkt in die Argumentation. Man kommt ihm – wenn überhaupt – als Zuhörer meist nur durch das Gefühl auf die Spur, daß da was nicht stimmen kann. Besser als der sofortige Griff zur Trillerpfeife (»Das ist doch unlogisch!«) ist dann, erst herauszufinden:

1. Welcher Satz liegt dem Schluß zugrunde?
2. Ist nach diesem Satz der Schluß zulässig (logisch) oder unzulässig (unlogisch)? Ist es z. B. ein Schluß vom Vordersatz auf den Nachsatz oder umgekehrt?

Wir haben eine logische Regel angewendet. Ist Ihnen dabei das Problem bewußt geworden, daß man auch die Richtigkeit des zugrunde liegenden Satzes prüfen sollte?

Sätze, die nie bewiesen sind

Nehmen wir den Satz: »Wenn jemand viel raucht, wird er mit größerer Wahrscheinlichkeit Lungenkrebs bekommen als ein Nichtraucher.« Das leuchtet ein; kann man den Satz auch überprüfen? Dazu einige Regeln, die sich nicht zuletzt in der Wissenschaft bewährt haben.

REGEL 1: EIN SATZ IST BIS AUF WEITERES EINE VERMUTUNG.

Eine Vermutung sollte möglichst durch Beobachtungen geprüft werden. Dazu muß man überlegen, was man z. B. unter »viel rauchen«, »eher« und »Nichtraucher« versteht. Denn:

REGEL 2: DIE VERMUTUNG MUSS IN BEOBACHTBARE GRÖSSEN „ÜBERSETZT" WERDEN.

Der Rest mag auf den ersten Blick von der Logik her einfach aussehen. Man sammelt die Daten und sieht, ob die Vermutung dadurch bestätigt oder widerlegt wird. Ist es so einfach? Nehmen wir an, daß ein Wissenschaftler die Häufigkeit von Lungenkrebs bei 2000 Männern und Frauen, die mehr als 20 Zigaretten pro Tag rauchen, und bei 2000 eisernen Nichtrauchern überprüft und herausgefunden hat, daß bei der ersten Gruppe dreimal so häufig Lungenkrebs zu beobachten ist. Ist die Vermutung jetzt bestätigt, also ein allgemeingültiger »Satz« geworden? Eines ist nach den Regeln unserer Wissenschaft sicher: Durch Beobachtung kann eine Vermutung nie allgemeingültig bewiesen werden! Denn wer sagt uns, daß wir bei einer anderen Stichprobe bei Rauchern und Nichtrauchern dasselbe Ergebnis erwarten können? Auf dem Weg der Beobachtung kann eine Vermutung oder Hypothese »nur« plausibel, d. h. wahrscheinlicher werden.

Nicht nur in Diskussionen will und muß man sich oft für eine Vermutung entscheiden und sein Verhalten danach ausrichten. Die genannte Raucheruntersuchung könnte z.-B. als Grundlage für ein Gesetz zum Verbot von Zigarettenwerbung dienen. Für diesen Fall ist die Regel 3 gedacht:

REGEL 3: MAN SETZE BEDINGUNGEN FEST, UNTER DENEN MAN EINE VERMUTUNG ALS ERWIESEN BETRACHTET.

Zu unserem Beispiel: Das Gesundheitsministerium könnte sich unter der Bedingung auf das Gesetz einigen, daß in der Gruppe der Raucher mindestens doppelt so oft Lungenkrebs zu beobachten ist wie bei den Nichtrauchern.

Übrigens: Nach den genannten Regeln ist auch das Fallgesetz bis heute nicht zweifelsfrei erwiesen; es wird allerdings von den Physikern als bestätigt angesehen nach Bedingungen, auf die man sich in der Naturwissenschaft geeinigt hat (bestimmte Wahrscheinlichkeitsgrenzen).

In Diskussionen spielt das Fallgesetz kaum eine Rolle; die drei genannten Regeln für das »Beweisen« von Vermutungen können jedoch fast immer als Leitfaden für die Überprüfung von Sätzen dienen, die mit dem Anspruch auf Allgemeingültigkeit – praktisch wie Naturgesetze – von einem Gesprächspartner aufgestellt werden. Man kann solche Behauptungen an einem »immer« oder »nie« leicht erkennen; meistens wird es allerdings nicht ausgesprochen, sondern steckt sinngemäß in der Aussage. Diese Sätze werden meistens zu Stolpersteinen, wenn sie Negatives aussagen, wie:

»Wenn man Fräulein Jahn was zum Tippen gibt, macht sie auf jeder Seite mindestens einen Fehler.«

»Aus Herrn Huber wird nie ein guter Lehrer.«

»Wenn man Kindern Taschengeld gibt, werfen sie es doch nur für unnötige Dinge hinaus.«

Zu diesen Sätzen kann man sich hitzige Dispute vorstellen; etwa zum letzten Satz zwischen Eltern:

»Wenn die Kinder kein Taschengeld bekommen, lernen sie nie, mit Geld umzugehen.«
»Ich sage, sie kaufen nur völlig unnötiges Zeug damit.«
»Das stimmt nicht. Wir haben zu Hause Taschengeld bekommen, und ich habe mir auch Bücher davon angeschafft.«
»Das ist doch kein Argument.«
»Du traust den Kindern überhaupt nichts Gutes zu.«
»Jetzt hör' aber auf.«
»Es ist doch so.«

So kommt man nicht weiter.
Können die genannten Regeln helfen?
Nach diesen Regeln ist eines beruhigend: Die aufgeführten Behauptungen sind Vermutungen. Wenn man sie bestätigen möchte, muß man sich darüber klar sein, daß man höchstens Plausibilität erreichen kann (s. Situation B bei den Meinungsverschiedenheiten im Kapitel »Viel Lärm . . .«).
Jetzt sind Sie wieder an der Reihe! Suchen Sie mit Hilfe der genannten drei Regeln eine Methode, mit der man den Stolperstein »Wenn man Kindern Ta-

schengeld gibt, werfen sie es doch nur für unnötige Dinge raus« aus dem Weg räumen kann. Um es Ihnen leichter zu machen, sind die Regeln bereits vorgegeben und zum Teil ausgeführt. Ihre Aufgabe besteht darin, an zwei Stellen konkrete Vorschläge zu entwickeln und diese in die Kästchen einzutragen. Natürlich gibt es hier mehrere praktikable »Lösungen«.

REGELN	ANWENDUNG
REGEL 1	Man einigt sich darauf, es mal auszuprobieren.
REGEL 2	Bestimmung von »Kinder«: Die beiden Kinder des Ehepaares. Bestimmung von »unnötige Dinge«:
REGEL 3	Man ist sich einig, die Behauptung anzuerkennen, wenn . . .

Im Gespräch klingt das so:

»Wenn man Kindern Taschengeld gibt, werfen sie es doch nur für unnötige Dinge raus.«

»Wir könnten jetzt darüber streiten, aber es wäre doch sinnvoller, es mal auszuprobieren. Du meinst doch unsere Kinder?«

»Wen denn sonst?«

»Gut. Was meinst du mit unnötigen Dingen?«

»Muß ich dir das denn erst erklären?«

»Entschuldige, wir möchten doch herausfinden, ob du recht hast.«

»Na, Eis, Süßigkeiten, Kino, vielleicht Zigaretten.«

»Über Kino kann man streiten. Es gibt ja auch gute Filme. Willst du ihnen denn für diese unnötigen Sachen gar nichts zugestehen? Du rauchst z. B. Zigaretten.«

»Schön, sagen wir höchstens die Hälfte.«

»Das finde ich auch. Wie können wir denn prüfen, ob die Kinder mehr dafür ausgeben?«

»Das geht eben nicht.«

»Wir könnten sie ja bitten, acht Tage lang zu sagen, wieviel sie für Eis, Süßigkeiten, Kino und Zigaretten ausgegeben haben. Nur die Gesamtsumme. Wir versprechen, nicht zu kritisieren und sehen, ob es mehr als die Hälfte des Taschengeldes ist. Dann se-hen wir weiter. Einverstanden?«

»Na ja. Ich weiß nicht, ob sie nicht doch schummeln.«

»Wenn sie keine Angst haben, daß man schimpft, sicher nicht. Aber ausprobieren ist doch besser, als einfach eine Behauptung aufstellen.«

»Du wirst sehen, daß ich recht habe.«

Auch über Zahlen läßt sich streiten

Es kommt manchmal vor, daß jemand eine Behauptung aufstellt und als »Beweis« eine Statistik anführt. Auch in diesem Falle können Sie die genannten Regeln verwenden. Doch dazu ein Beispiel:

»Da sieht man's wieder. Franzosen sind doch bessere Liebhaber.«

»Altes Vorurteil. Da gibt's genauso viele gute wie schlechte.«

»Eben nicht. Hier wird von einer Untersuchung berichtet, die klar beweist, daß Franzosen eben doch bessere Liebhaber sind.«

»Darf ich mal lesen?«

Vorher lag die Behauptung
(Vermutung) vor, und Sie über-
legten, ob und wie sie zu prüfen
wäre; nun liegen die Daten auf
dem Tisch und Sie müssen prüfen, ob damit über die Vermutung entschieden werden kann.
In dieser Situation müssen die
Regeln »rückwärts« gelesen
werden; man fragt, ob und wie
sie bei der Sammlung der Be-
weisdaten eingehalten wurden.
Also:

REGELN ▶ ALS PRÜFFRAGEN AN DIE STATISTIK

REGEL 2 ▶ Wie sind die Begriffe der Vermutung in beobachtbare Größen übersetzt worden?

REGEL 3 ▶ Wie heißen die Bedingungen, unter denen man die Vermutung nach diesen Daten akzeptieren würde?

Hier die Anwendung auf die
Liebhaberstatistik zum Beweis für die Behauptung »Franzosen sind bessere Liebhaber«:

REGELN ▶ ANWENDUNG

REGEL 2 ▶

»Franzosen« = französische Urlauberpaare in Tunesien
»bessere« = im Vergleich mit deutschen und britischen Urlauberpaaren
»Liebhaber« = Antworten auf die Frage, ob man im Urlaub häufiger verkehre

REGEL 3 ▶

Bedingungen:
Als man französische, britische und deutsche Urlaubspaare fragte, gaben Franzosen am häufigsten an, »in den Ferien öfter miteinander verkehrt zu haben als im heimischen Doppelbett«.

Nach dieser Analyse anhand der Regeln 2 und 3 drängen sich bei Ihnen sicher Fragen auf wie:

✳ Antworten Franzosen, Deutsche und Briten auf diese heikle Frage gleich ehrlich?

✳ Sind Urlaubspaare für die jeweilige Nation repräsentativ?

✳ Wieso heißt »in den Ferien häufiger« auch »im Bett die aktivsten« (s. Überschrift)? Ist dafür nicht die absolute Häufigkeit informativer als der Vergleich Urlaub gegen zu Hause?

✳ Ist die Häufigkeit des Verkehrs im Urlaub im Vergleich zu zu Hause eine akzeptable Übersetzung des Begriffs »bessere Liebhaber«?

Natürlich liegt es ganz bei Ihnen, ob Sie den statistischen »Beweis« akzeptieren und die Hypothese, Franzosen seien bessere Liebhaber (als Engländer und Deutsche) annehmen. Die Regeln sollten Ihnen nur die Bedingungen bewußt machen, unter denen Sie Ihre Entscheidung treffen.

Nehmen Sie nun den geschilderten Artikel nicht etwa als Beweis für die Hypothese »Statistiken sind Volksverdummung«. Eine Statistik wird gut oder schlecht durch die Schlüsse, die man daraus ableitet.

»Eine Statistik ist wie ein Bikini: Was man sieht, ist interessant; was man nicht sieht, wesentlich.«

Wenn Sie »interessant« finden, was eine Statistik zur Plausibilität einer Hypothese beiträgt und »wesentlich« finden, daß sie keine Hypothese endgültig bestätigen kann, haben Sie die richtige Einstellung.

Das Feilschen . . .

. . . ist mancherorts das beliebteste Diskussionstraining, und ein einträgliches dazu. Wer beim Feilschen Geld sparen will, darf nicht mit Worten sparen. Feilschen ist ins Theatralische gesteigerte Preisbildung, in mancher Hinsicht die wahre Volks-Wirtschaft.

Feilschen heißt, einem anderen etwas vom Munde absparen. Und das eigene Sparen fällt allemal leichter, wenn ein anderer dabei hilft.

Gegen die Einseitigkeit

Für die meisten Behauptungen, über die in Gesprächen diskutiert wird, gibt es nach den genannten Regeln keinen endgültigen Beweis, sondern nur Plausibilität. Man kann sich allerdings über Bedingungen einigen, unter denen man eine Vermutung doch annimmt (s. Regel 3).

Unser Denken macht uns allerdings die Vorstellung schwer, eine Behauptung nicht doch als 100 %ig richtig beweisen zu können. »Von Natur aus« denken wir nun einmal sehr einfach: Es gibt nur »eine« Wahrheit, nur »eine« richtige Antwort, nur eine Logik. Wir diskutieren in der Überzeugung: »Wenn ich recht habe, hat der andere unrecht.« Wir nicken Zustimmung zu Sprüchen wie »Wer nicht für mich ist, ist gegen mich«, »Wer A sagt, muß auch B sagen«, »Deine Rede sei ja oder nein«. Wir sind zu schnell bereit, ein »ja, wenn« oder ein »das hängt vom Standpunkt ab« als Wischiwaschi zu verteufeln.

Amerikanische Untersuchungen zum Typus der »autoritären Persönlichkeit« haben eine Eigenschaft beschrieben, die diesem Schwarzweißdenken entspricht: »Intolerance of ambiguity«, d. h. eine Unfähigkeit, mit Mehrdeutigkeit fertig zu werden. Diesem Denken widerspricht es ganz, etwas offen zu lassen. Für jede Frage muß es einfach eine Antwort geben, jede Beobachtung muß einfach eine Erklärung haben, jede Bewegung muß einfach eine Ursache haben. Das mindeste, was man einer solchen Einstellung entgegenhalten kann, ist, daß sie so unergiebig ist.

Sie haben in diesem Kapitel bereits mehrwertig gedacht; Sie haben Behauptungen nach Regeln bewertet, nach denen Sätze plausibel gemacht, aber nicht eindeutig bewiesen werden können.

Die Regeln verlangen, daß Sie sich die Bedingungen bewußt machen, unter denen Sie eine Behauptung annehmen. Sie zeigen außerdem, wie sich Gesprächspartner über die »Richtigkeit« einer Behauptung einigen können, ohne das Wort »Logik« in den Mund zu nehmen.

Balken im Auge

»Was siehst du den Splitter im Auge deines Bruders, aber den Balken im eigenen Auge bemerkst du nicht?«

(Matthäus 7, 5)

Das ist eine Kritik der Kritik, die oft genug ins Schwarze trifft. Lesen Sie bitte das folgende Gespräch und beurteilen Sie dann die Äußerungen von A (Abteilungsleiter).

Die Situation: Ein Unternehmensberater (U) hat einen größeren Betrieb untersucht. Der Chef bittet ihn, mit einem Abteilungsleiter zu sprechen, da er diesem die Schuld an den entdeckten Personalproblemen gibt. Der Abteilungsleiter seinerseits will wissen, was der Unternehmensberater herausgefunden hat.

»Wie würden Sie Ihren Führungsstil einschätzen: autoritär oder kooperativ?«

»Darüber habe ich mir weiß Gott noch keine Gedanken gemacht. Ich habe Wichtigeres zu tun. Aber Sie werden's ja wissen.«

»Was ist Ihnen denn das Wichtigste bei Ihrem Beruf?«

»Daß die Leute spuren. Das ist mein Job. Dafür werde ich bezahlt.«

»Wie schaffen Sie das?«

»Sie meinen, wie ich es schaffe, daß die Leute es schaffen? Ich schaffe es, weil ich meine Leute kontrolliere. Vertrauen ist gut, Kontrolle ist besser. Das ist mein Grundsatz. Wenn jeder

das Gefühl hat, ich sehe ihm
auf die Finger, dann klappt's.
Und jeder muß wissen, daß ich
alles weiß.«

**»Was passiert denn, wenn Sie
mal was nicht mitkriegen?«**

»Dann ist der Respekt weg.
Aber das passiert nicht. Da
sorg' ich schon dafür.«

»Wie denn?«

»Ich hab' so meine Leute. Die
frage ich einzeln, mal dieses,
mal jenes. Das ist der Nachteil,
ich weiß. Ich unterschätze sie
vielleicht. Aber überschätzen ist
gefährlicher.«

»Sie sind unbeliebt.«

»Klar. Das weiß ich. Aber was
zählt, ist die Leistung. Ich muß
auch damit rechnen, daß einer
mal an meinem Stuhlbein sägt.«

**»Wäre es Ihnen nicht lieber, Sie
könnten sich auf Ihre Leute ver-
lassen und wären beliebt?**

»Nun hören Sie mal. Sie haben
keine Ahnung, wie's hier zu-
geht. Machen Sie das mal 20
Jahre wie ich, dann fragen Sie
nicht mehr so quer.«

**»Wissen Sie, daß mindestens drei
Leute kündigen wollen, wenn Sie
sich nicht ändern? So können Sie
heute nicht mehr Vorgesetzter
spielen. Sonst sehe ich schwarz
für Sie.«**

»Wer sagt, daß drei Leute kündigen?«

**»Das darf ich Ihnen nicht sagen.
Es muß Sie doch stutzig machen,
daß Sie es als Letzter erfahren.
Daran müssen Sie sich gewöh-
nen, wenn sich nichts ändert.
Was halten Sie von einer Gene-
ralüberholung? Ich meine ein Se-**
minar. Ohne Kollegen. Ihr Chef
möchte nach und nach alle Abteilungsleiter hinschicken.«

»Nachhilfeunterricht, was?«

**»Sagen Sie Weiterbildung. Das
hat jeder nötig, der nicht stehen-
bleiben will.«**

»Sind Sie auch dabei?«

**»Nein, da können Sie ganz beru-
higt sein. Es erfährt auch niemand, was Sie dort machen werden.«**

»Ich überleg's mir.«

Tragen Sie nun bitte, bevor Sie
weiterlesen, Ihre Beurteilung
der Äußerungen von A hier ein:

Notieren Sie jetzt bitte die
Maßstäbe (Kriterien), nach denen Sie A eben beurteilt haben
(z. B. Befähigung zum Abteilungsleiter, Sympathie, Höflichkeit gegenüber U usw.)

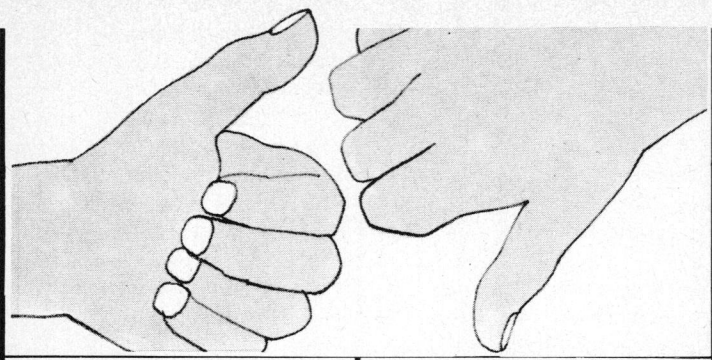

Nun zur Bewertung Ihrer Bewertung:

Wenn Sie mehr als drei verschiedene Bewertungskriterien angelegt haben, liegt der Verdacht nahe, daß Beurteilen zu Ihrem Beruf gehört. Denn differenziertes Urteilen ist so selten wie mehrwertiges Denken.

Vielleicht haben Sie – wie die meisten – pauschale Beurteilungen gewählt wie: »borniert«, »autoritär«, »unfähiger Vorgesetzter«, »mieser Kerl«.

Man spricht hier besser von Verurteilungen und erinnert sich an die römischen Cäsaren, die mit Daumen nach oben oder Daumen nach unten ein Musterbeispiel für Schwarzweißurteile abgegeben haben. Wir neigen nun einmal dazu, einseitig und negativ zu bewerten. So wählen wir meistens nur einen Beurteilungsmaßstab, wie »richtig oder falsch«, »gut oder schlecht«, »sympathisch oder unsympathisch« und meistens seinen negativen Pol. Warum das so ist, werden vielleicht am besten Erziehungswissenschaft- ~ erklären können; daß es so

ist, muß beunruhigen. Denn Beurteilungen sind Grundlagen für Entscheidungen nicht nur über Sachfragen, sondern oft genug über Menschen.

Besonders gern wird in Diskussionen bewertet. Es gibt Diskussionen, die zu zwei Dritteln aus Bewertungen von Äußerungen und Bewertungen dieser Bewertungen bestehen. Solche Diskussionen sind allein schon dieser Verteilung wegen unreif; sie sind aber erst recht unproduktiv, wenn es sich um einseitige und pauschale Bewertungen handelt.

Bei einer Bewertung sollten drei Fragen in dieser Reihenfolge beantwortet werden:

FRAGE 1:	Nach welchem Kriterium will ich bewerten?
FRAGE 2:	Welche Informationen sind für dieses Kriterium brauchbar?
FRAGE 3:	Zu welcher Bewertung komme ich?
Bei der Bewertung des Abteilungsleiters hätten Sie diese Fragen so beantworten können:	
Antwort 1:	Ist A ein kooperativer Vorgesetzter?
Antwort 2:	Äußerungen wie: »Vertrauen ist gut, Kontrolle ist besser . . . « »Wenn jeder das Gefühl hat, ich seh' ihm auf die Finger . . . « »Jeder muß wissen, daß ich alles weiß . . . « »Ich unterschätze Sie vielleicht . . . «
Antwort 3:	A ist wahrscheinlich kein kooperativer, sondern ein autoritärer Vorgesetzter.

Nach diesem Schema hätten Sie auch eine Reihe anderer Kriterien anlegen und damit jeweils die Äußerungen von A bewerten können. Andere Kriterien sind z. B.: Höflichkeit, Selbsteinschätzung, Bereitschaft zu Fortbildung, persönliche Sicherheit, Vertrauen, Abhängigkeit vom Urteil anderer, Humor, Ehrlichkeit von A. Sie wären damit vielleicht zu einem mehrwertigen Urteil wie diesem gekommen:

A zeigt wenig Höflichkeit, eine realistische Selbsteinschätzung, Unabhängigkeit vom Urteil anderer, wenig Humor, viel Ehrlichkeit.

Um zu mehrwertigen Bewertungen zu kommen, muß man den **Trichtereffekt** im eigenen Denken ausschalten:

Zu Beginn nehmen wir Informationen über etwas Neues (hier A) noch in gewisser Breite auf; doch wie bei einem Trichter wird die Öffnung schnell kleiner, bis nur noch ein kleiner Ausschnitt der Informationen durchgelassen wird. Man kennt A noch nicht und ist aufnahmebereit; dann hört man die ersten Sätze, findet A wahrscheinlich unsympathisch, hört mehr, findet ihn nun in der Tat unsympathisch und nimmt im folgenden nur die unsympathischen Äußerungen als Bestätigung des einmal gefaßten Urteils auf.

Wer planmäßig vorgeht und verschiedene Beurteilungskriterien bewußt verwendet, ersetzt den sehr vom Zufall bestimmten Trichter durch mehrere gezielt angewendete Filter mit verschiedenen Durchlässigkeiten. Allerdings ist leider die – trainierbare – Fähigkeit des Menschen begrenzt, etwas wahrzunehmen und gleichzeitig mehrere Kriterien zu verwenden. Eine Grenze liegt bei drei bis vier Beobachtungskriterien gleichzeitig. Ziehen Sie die Konsequenzen:

Wählen Sie die Bewertungskriterien bewußt nach Ihrer Absicht aus!

Hören Sie konzentriert zu!
Notieren Sie mit! (Papier als »Ersatzspeicher«.)
Stellen Sie gezielt Fragen, wenn Sie mehr Informationen für Ihre Bewertung brauchen!

Wenn trotz dieser Vorsätze noch Fehlbewertungen vorkommen, dann aus demselben Grund, aus dem man sich immer wieder die Zunge am Kaffee verbrennt: man kann nicht warten. So läßt man sich viel zu schnell vom Evidenzerlebnis verleiten und übersieht, wie wenig Informationen eigentlich dazu beigetragen haben. Informationen, die man bitter nötig hat, wenn es ans Begründen geht.

In Diskussionen werden in erster Linie Äußerungen bewertet. Hierzu bieten sich z. B. folgende Beurteilungskriterien an, je nachdem, ob es sich etwa um einen Vorschlag oder um eine Behauptung handelt:

Inwiefern ist die Äußerung

✱ themenbezogen?
✱ plausibel?
✱ praktikabel?
✱ anregend?

Wenn Sie beim Zuhören mit solchen Fragen an die Äußerungen Ihres Gesprächspartners herangehen, bewerten Sie nach Kriterien, die für die Diskussion sinnvoll sind. Außerdem zeigen sie eine positive Grundhaltung.

Sie fragen: »Inwiefern ist der Vorschlag praktikabel?« und nicht: »Inwiefern ist der Vorschlag undurchführbar?«. Die Mängel einer Äußerung finden Sie damit auch. Gerade Goldgräber untersuchen den Sand am genauesten! Daß Ihnen aber das Positive nicht entgeht, ist sowohl für den Inhalt als auch für das Klima einer Diskussion ein entscheidender Pluspunkt.

Bei einer mehrwertigen Bewertung von Diskussionsbeiträgen fällt es besonders schwer, die Maßstäbe als voneinander unabhängig zu behandeln. Wir neigen dazu, einem ungünstigen Urteil in einer Hinsicht auch ungünstige Urteile in anderer Hinsicht folgen zu lassen; dasselbe gilt entsprechend für ein günstiges Urteil.

Ein Beispiel für diesen Effekt ist der Kurzschluß: »Wer sich nicht klar ausdrücken kann, denkt auch unklar.«

Gegen den Trend zum einseitigen Urteilen hilft nur ein nimmermüdes Mißtrauen gegen »eindeutige« und »stimmige« Bewertungen sowie regelmäßiges Trainieren im getrennten Anwenden von verschiedenen Bewertungsmaßstäben.

45

Ein Wort
ist ein Pfeil

»Ein Wort ist ein Pfeil; ist er einmal abgeschossen, kann man ihn nicht mehr zurückhalten.« Das wird aktuell bei Worten, die gefährlich sind. Kritik ist immer gefährlich, wenn wir mit Kritik (dem Sprachgebrauch entsprechend) negative Bewertungen meinen. Gefährlich deshalb, weil sie beim Gesprächspartner Kommunikationsstörungen auslösen kann.

In einer Diskussion behauptet ein Partner, es gäbe außersinnliche Wahrnehmungen (»Hellsehen«). Er hat Berichte und wissenschaftliche Untersuchungsergebnisse angeführt, um seine Aussage plausibel zu machen. Seine Ausführung schließt mit der herausfordernden Formulierung:

»Was wollen Sie dagegen noch sagen?«

Das Gespräch nimmt folgenden Verlauf:

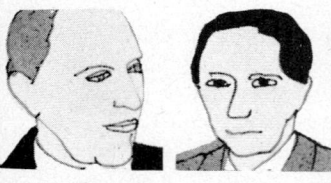

»Das mit den fliegenden Untertassen ist doch Unsinn. Wie können Sie . . .«

»Sie tun so, als ob es keine Berichte gäbe. Weil nicht sein kann, was nicht sein darf, wischen Sie alles weg, was nicht paßt.«

»Aber . . .«

»Es erschüttert mich, wenn ich sehe, daß gebildete Leute wie Sie mit Scheuklappen herumlaufen.«

»Jetzt hören Sie doch mal . . .«

»Ach, es ist doch sinnlos, darüber weiterzureden.«

Man sollte wissen, daß der »Kritiker« etwa folgende Gedanken hatte:

»Erstaunlich, wieviele Experimente es dazu bereits gibt. Daß es Telepathie gibt, ist nach einigen Versuchen unbequem plausibel. Wie bringt er allerdings fliegende Untertassen mit Telepathie in Verbindung? Das gehört doch gar nicht hierher.«

Warum kam es also zum Eklat? In Zeitlupe: Die Kritik beginnt mit einem Pfeil (». . . ist doch Unsinn«), den der Getroffene als Kriegserklärung auffaßt. Ohne abzuwarten, schießt er zurück und igelt sich ein. Jetzt wäre ein neuer Kontakt eine Geduldsprobe, und wer zeigt schon Geduld, wenn er sich zu Unrecht angegriffen fühlt.

Doch auch der Kritiker verdient Kritik: Er begann seine Bewertung mit einer vom Inhalt her negativen, von der Form her provozierenden Aussage. Das ist unsachlich und ungeschickt.

Die Alternative vermeidet solche Verteidigungsreaktionen, ohne mit der Kritik hinterm

Berg zu halten. Im Gegenteil: Jetzt kommt sie richtig an.

»Sie sagen, es sei unwissenschaftlich, wenn man behauptet, Telepathie sei Unsinn. Finde ich auch. Die von Ihnen geschilderten Experimente können Telepathie natürlich nicht beweisen, aber teilweise sehr plausibel machen. Wir wehren uns ja gegen Dinge, die uns zum Umdenken zwingen. Aber eines ist mir unklar: Sie erwähnten die Berichte über fliegende Untertassen in diesem Zusammenhang. Ich könnte es verstehen, wenn Sie damit sagen wollen: Die Ufos sind wie die außersinnliche Wahrnehmung Phänomene, die nicht in unser Weltbild passen und deshalb auf Widerstand stoßen. Sehe ich das richtig?«

Diese Bewertung stört nicht die Kommunikation, sondern fördert sie.

So kritisieren Sie kommunikationsgerecht:

1. Zuerst beschreiben, dann bewerten, dann begründen!

2. Mit dem Positiven (Gemeinsamen) beginnen!

3. Das Negative konstruktiv auflösen!

Dazu Beispiele

zu 1:
»Sie sagen: Es sei dazu zu spät (Beschreibung). Das halte ich für unzutreffend (Bewertung), weil wir noch genau zwei Wochen Zeit haben (Begründung). Bis dann müssen wir uns entschieden haben.«

zu 2:
»Ihren Vorschlag halte ich bisher für die eleganteste Lösung. Ich fürchte allerdings, daß wir dazu erstklassige Mitarbeiter brauchen. Und wo sollen wir die herkriegen?«

zu 3:
»Das ist zu teuer. Doch wenn Sie es in Stufen entwickeln, müßte es klappen.«

Sollten Sie selbst der Kritisierte sein, so versuchen Sie, über einen »Pfeil« nicht in Panik zu geraten, Kritik ist Information für Sie; sofortige Verteidigung bedeutet Informationsstop. Besser ist zuhören und dann – wenn nötig – fragen, welche Maßstäbe und Beobachtungen der Kritik zugrunde liegen.

Und vergessen Sie bitte nicht: Wenn Sie einen Kritiker umstimmen wollen, ist Kritik seiner Kritik eine wenig erfolgversprechende Methode.

Hilfreiche Begleitung

Wechseln Sie einmal in Gedanken Ihren Beruf und versetzen Sie sich in die Rolle eines Fernsehredakteurs. Ihre Aufgabe besteht nun darin, eine Sendung zum Thema »Strafvollzug in Schweden« zu gestalten. Die Informationen liegen in Form verschiedener Filme vor, teils Reportagen, teils Interviews. Wie gehen Sie vor?

Der einfachste Weg ist zweifellos, die Informationen für sich sprechen zu lassen, d. h. die Filme einfach in einer sinnvollen Reihenfolge hintereinanderzuschneiden. Doch die Zuschauer würden Übergänge vermissen, den Zusammenhang suchen und verwirrt nach zehn Minuten abschalten.

Sehr wahrscheinlich werden Sie folgende Lösung wählen: Sie holen sich jemanden, der zwischen den Filmen moderiert, d. h. die Sendung vorstellt, Interesse weckt, Zusammenhänge herstellt, Fragen aufwirft, kommentiert und zusammenfaßt.
Sie werden nicht auf einen Moderator verzichten können, der eigentlich nicht informiert, sondern »nur« dafür sorgt, daß die Informationen richtig ankommen.

Wer glaubt, es genüge, Informationen ohne Zubereitung – roh – servieren zu können, ist auf dem Holzweg. Er begeht den Fehler, die Informationsbegleitung zu übersehen. Das gilt auch in Diskussionen. Auch hier muß man moderieren, wenn man vermeiden will, daß der Partner abschaltet. Die folgende Aufstellung gibt Beispiele für eine solche Informationsbegleitung:

INFORMATIONSBEGLEITUNG

in bezug auf die Sache:	in bezug auf die Person:
»Ich möchte auf ein Argument von vorhin zurückkommen: . . .«	»Ich hoffe, Sie nehmen es mir nicht übel, wenn ich . . .«
»Lassen Sie mich versuchen, das zu konkretisieren: . . .«	»Es liegt mir fern, Ihnen Vorschriften machen zu wollen.«
»Vielleicht kann man das so zusammenfassen: . . .«	»Fassen Sie bitte das folgende nicht als Kritik an Ihrer Person auf: . . .«
»Sind Sie einverstanden, wenn ich zuerst meinen Eindruck beschreibe: . . .«	»Ich muß gestehen, daß mich ein Argument besonders überrascht hat: . . .«
»In einem Punkt sind wir uns doch einig: . . .«	»Gestatten Sie mir das Recht, ebenfalls persönlich zu werden: . . .«
»Das soll keine Wertung sein.«	»Das soll ein echtes Kompliment sein.«
»Lassen Sie es mich einfach mal ins unreine sagen: . . .«	»Ich kann verstehen, wenn Sie auf die folgende Frage nicht antworten: . . .«
»Alles, was ich dazu sagen kann, ist: . . .«	»Ich möchte Ihnen jetzt gern einen Schritt entgegenkommen: . . .«
»Es gibt drei Maßstäbe, die wir hier anlegen können: . . .«	»Es fällt mir sehr schwer, Ihnen eines abzunehmen: . . .«
»Kann ich daraus schließen, daß Sie . . .?«	»Vielleicht halten Sie mich jetzt für starrköpfig, wenn ich sage: . . .«
»Es ist wohl am besten, wenn ich die Fragen der Reihe nach beantworte: . . .«	»Ich muß zugeben, daß ich mich im folgenden nur auf meinen gesunden Menschenverstand berufen kann: . . .«
»Ich will es zugespitzt so formulieren: . . .«	

Die »Informationsbegleitung in bezug auf die Sache« soll dem Gesprächspartner erleichtern, Ihre Argumente und Ihr Vorgehen zu verstehen, Sie geben ihm damit vor oder unmittelbar nach der Äußerung eine Hilfe, mit der er Ihre Informationen richtig einordnen kann.

»Informationsbegleitung in bezug auf die Person« ist besonders wichtig bei Inhalten, die beim Zuhörer leicht falsch ankommen und dann das Verhältnis der Gesprächspartner belasten könnten.

Sicher haben Sie es schon selbst beobachtet: Gute Diskussionspartner verwenden eine Vielfalt von Informationsbegleitungen; das gegenseitige Verstehen geht zum großen Teil darauf zurück. Die hilfreiche Wirkung ist allerdings eine Frage der Dosis. Wer öfter fernsieht, weiß, daß Moderatoren zu Dauerrednern werden können; wer öfter diskutiert, weiß, daß Informationsbegleitung zu Geschwätzigkeit ausarten kann. Hier ein abschreckendes Beispiel:

»Wenn ich ehrlich sein soll, muß ich zugeben, daß ich mir eben überlegt habe, ob es nicht besser wäre, erst Ihre Meinung zu hören und einer Antwort solange aus dem Wege zu gehen. Aber wenn Sie mich so direkt fragen, kann ich wohl nicht anders, zudem ich der Meinung bin, daß hier absolute Offenheit am Platze ist. Ich möchte also ohne Wenn und Aber ganz einfach sagen: Ja.«

Die Informationsbegleitung ist unnötig aufgebauscht.

Machen Sie es besser! Versuchen Sie, zu den folgenden Gesprächssituationen jeweils eine sinnvolle und einfache Informationsbegleitung zu finden:

SITUATION

1. Sie umschreiben einen Begriff und wollen verhindern, daß Ihre Äußerung als endgültige Definition aufgefaßt wird.

2. Sie wollen Kritik äußern, die nicht persönlich gemeint ist.

3. Sie ringen sich zu einem Kompromiß durch, der für Sie das Äußerste bedeutet.

4. Sie wollen auf eine Frage deshalb nicht antworten, weil Sie die Fragestellung ablehnen.

INFORMATIONSBEGLEITUNG

1.

2.

3.

4.

LÖSUNGSVORSCHLÄGE

1. »Ich will mal eine Umschreibung versuchen. Darf ich ins unreine sprechen?«

2. »Fassen Sie es bitte nicht als Kritik an Ihrer Person auf!«

3. »Weiter kann ich Ihnen beim besten Willen nicht entgegenkommen.«

4. »Ich möchte darauf nur deshalb nicht antworten, weil ich die Fragestellung nicht akzeptiere.«

Ihre Vorschläge sind dann besser, wenn sie einfacher und gleichzeitig informativer für den Zuhörer sind. Testen Sie sie im Zweifelsfalle an einem Zuhörer!

51

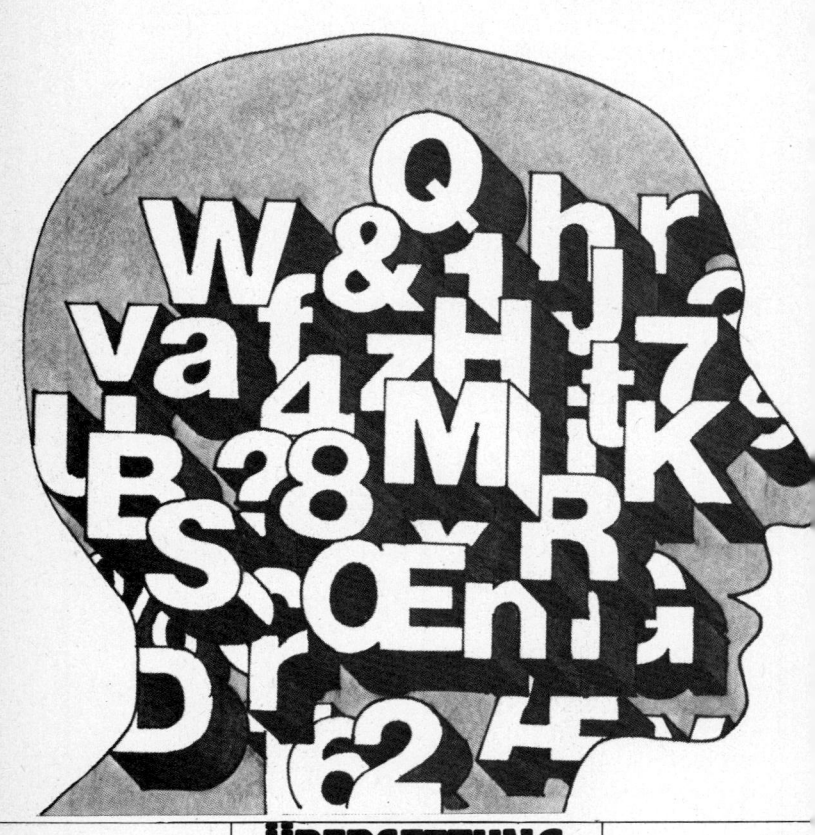

ÜBERSETZUNG

2

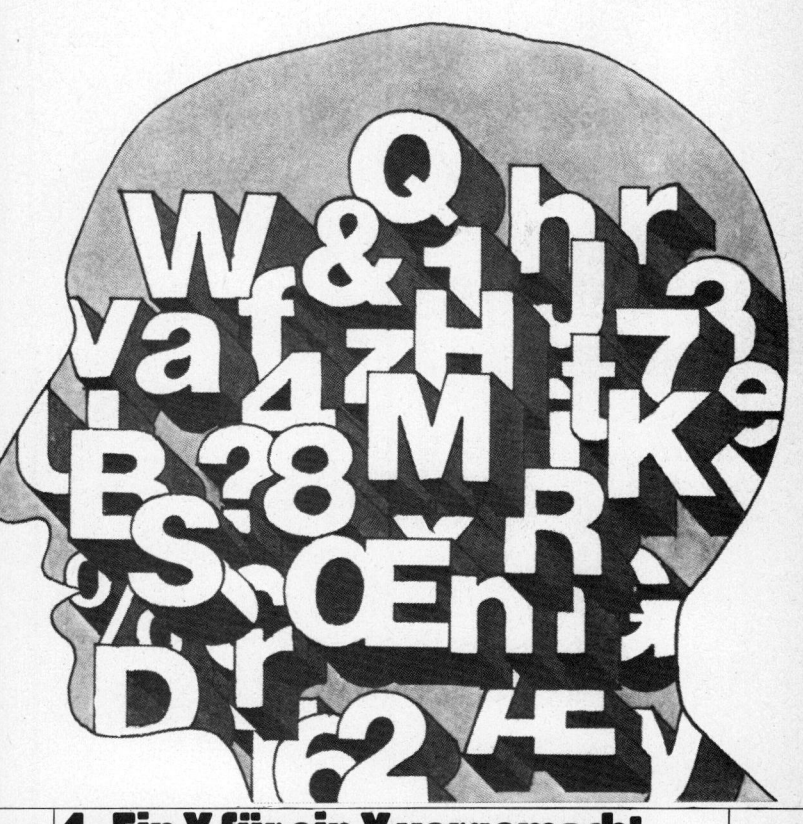

Ein X für ein X vorgemacht

Wenn zwei dasselbe sagen, ist es selten dasselbe. Wenn zwei dasselbe hören, ist es selten dasselbe. Wenn der eine etwas sagt und der andere es hört, ist es ganz selten dasselbe. Wenn Sie das nicht so verstanden haben, wie es gemeint ist, sind wir beim Thema.

Warum redet man so oft aneinander vorbei?
Goethe meint: Sobald man spricht, beginnt man schon zu irren. Lassen wir Beispiele sprechen:

Irrtum 1

»Da hätte der Schiedsrichter
aber pfeifen müssen!«
»Wieso?«
»War doch klar Abseits.«
»Nee.«
»Klar war's Abseits!«
»Dann hätte er doch gepfiffen.«

Irrtum 2

»Was halten Sie von Management by objectives?«
»Nicht viel. Warum fragen
Sie?«
»Ich meine, unserem Unternehmen täte es ganz gut, wenn wir
das berücksichtigen würden. Ich
möchte versuchen, das bei uns
einzuführen.«
»Ich weiß nicht. Die Methode
paßt doch nicht zu unserem
Stil.«

Irrtum 3

»Man kann seine Kinder heutzu-
tage nicht mehr fernsehen lassen.
Zwanzig Morde pro Woche sind
einfach zuviel.«
»Was würden Sie denn dagegen
tun?«
»Konsequent alle Filme verbieten, die es als selbstverständlich
darstellen, wenn einer erschossen
wird. Sehen Sie doch mal einen
Western an!«
»Wir leben aber nun mal in
einer Demokratie.«

Irrtum 4

»Jetzt wird endlich mal was dagegen getan, daß Radikale Lehrer werden dürfen.«
»Darüber kann man verschiedener Ansicht sein. Gerade ein
Lehrer sollte doch radikal sein.
Das gehört zu einer kritischen
Erziehung.«
»Na, ich danke. Wo führt denn
das hin? Beamte sind Staatsdie-
ner. Und gerade Lehrer haben
einen immensen Einfluß. Wollen
Sie denn ein solches Risiko für
den Staat eingehen?«

Alle vier Differenzen haben zweierlei gemeinsam:
1. Sie lassen sich auf einen unterschiedlichen Wortgebrauch der beiden Disputanten zurückführen.
2. Sie lassen sich lösen, sobald man sich über den Wortgebrauch der beiden Partner klar wird.

Das ist leichter gesagt als getan, denn diese Situationen erwecken den Eindruck, als ob echte Meinungsverschiedenheiten vorlägen. Doch die Gesprächspartner sind im Irrtum, es sind Verschiedenheiten im Sprachlichen. Jeder meint, der andere verstehe unter demselben Wort dasselbe.

Positionen der Gesprächspartner	scheinbare Situation	wahre Situation
Irrtum 1 A: Es war Abseits. B: Es war kein Abseits.	Einer der beiden hat richtig, der andere falsch beobachtet.	A versteht »Abseits« entgegen den Regeln. B versteht es richtig.
Irrtum 2 A: Management by objectives einführen. B: Management by objectives paßt nicht zu uns.	A befürwortet Management by objectives. B lehnt es ab.	B versteht »Management by objectives« falsch.
Irrtum 3 A: Aggressive Filme verbieten. B: Verbot in einer Demokratie unmöglich.	A ist für das Verbot. B ist dagegen.	A versteht »Demokratie« etwas anders als B.
Irrtum 4 A: Radikale dürfen nicht Lehrer werden. B: Lehrer sollen radikal sein.	A sieht die Aufgabe des Lehrers anders als B.	A versteht unter »radikal« etwas anderes als B.

Was wäre einfacher für die beiden Gesprächspartner in den Beispielen, als festzuhalten, was der andere mit »Abseits«, »Management by objectives«, »Demokratie« und »Radikale« meint!

Die Erfahrung zeigt, daß fast jeder Diskussionspartner zuerst eine Meinungsverschiedenheit in der Sache sucht. Wenn sie tatsächlich aber in der Sprache zu suchen ist, kommt es zu nutzlosen und mühsamen Auseinandersetzungen.

Warum denken wir so selten daran, daß der andere vielleicht etwas anderes meint, wenn er von »Abseits« oder »Demokratie« spricht? Erst im Gespräch müssen wir mit der Nase darauf stoßen, um festzustellen, daß es keine »Demokratie« gibt, sondern eine »Demokratie A« im Kopf von Herrn A, eine »Demokratie B« im Kopf von Frau B und viele andere »Demokratien« in vielen Köpfen.

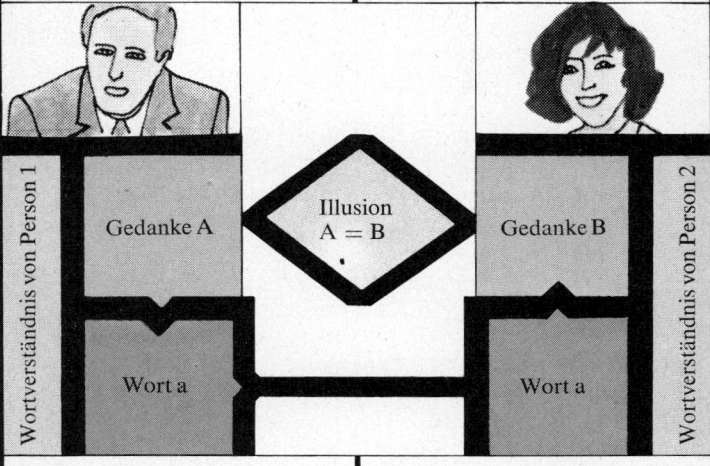

Herr A — Frau B

Wortverständnis von Person 1 — Wortverständnis von Person 2

Gedanke A — Illusion A = B — Gedanke B

Wort a — Wort a

Daß uns dieses Denken so schwerfällt, ist verständlich. Denn man lernt, daß jedes Wort eine bestimmte Bedeutung hat – da es ja lediglich eine Sache beschreibt (»Demokratie ist . . .«) – obwohl das nur für bestimmte Worte sinnvoll und durchführbar ist (z. B. für Regeln wie »Abseits«). Außerdem ist jede Unterhaltung ein Training, Worte blitzschnell zu entschlüsseln und selbst Gedanken blitzschnell in Worte zu verschlüsseln. Das reicht im allgemeinen auch für eine ausreichende Verständigung.

Dabei übersieht man aber zu schnell die wenigen Situationen, in denen man sich über einen wesentlichen Begriff gar nicht einig ist. Die Verständigung ist gestört. Da man nun zwar eine Differenz bemerkt, sie aber – Macht der Gewohnheit – nicht beim gegenseitigen Wortverständnis vermutet, sucht-man sie auf der Meinungsebene und diskutiert in die falsche Richtung um die Wette.

Verhindern Sie das und versuchen Sie:

✱ Mißverständnisse zu erkennen, die auf verschiedene Auffassungen eines Wortes zurückgehen,

✱ diese Mißverständnisse auszuräumen,

✱ am besten verschiedene Auffassungen eines Wortes klarzustellen, bevor sie zu Mißverständnissen führen.

Das Erkennen und Vorbeugen ist bei weitem das Schwerste; denn es verlangt, gegen den eingefahrenen Irrtum anzugehen: Wenn zwei dasselbe sagen, meinen sie dasselbe.

Deshalb:

✱ Prüfen Sie bei Meinungsverschiedenheiten zuerst, inwieweit Sie vom selben reden! Kontrollieren Sie rechtzeitig, ob Sie verstanden werden!

Wer meint, ohne Fragen könne man nicht kontrollieren, ob man verstanden werde, hat recht. Wer aber dabei an die naheliegende Frage denkt: »Was verstehen Sie unter . . .?«, wird Enttäuschungen erleben. Das sei an »Irrtum 3« demonstriert: »Wir leben aber nun mal in einer Demokratie.«

»Was verstehen Sie unter Demokratie?«

»Demokratie ist eine freiheitliche Staatsform, in der jeder Bürger dieselben Möglichkeiten zur Mitbestimmung hat.«

Die Definition nach Studienratsart

Das haben Sie davon: Die Frage hat eine Definition nach Studienratsart nach sich gezogen. Damit ist kaum etwas darüber gesagt, was der Sprecher sich eigentlich unter »Demokratie« vorstellt. Nehmen wir an, daß »Demokratie« für ihn z. B. bedeutet:

Pluralismus, Trennung von Legislative und Exekutive, geheime Wahlen, Parteienvielfalt, Grundrechte, freie Marktwirtschaft. Wie blaß ist dann seine Definition!

Zugegeben, alle Vorstellungen des Partners zu einem Begriff zu erfahren, ist weder möglich noch nötig. Entscheidend im vorliegenden Beispiel ist, welche Teile seiner Auffassung von »Demokratie« ihn zu dem Urteil bringen, Filme zu verbieten, sei undemokratisch.

In unserem Beispiel lautet die richtige Frage: »Warum ist es Ihrer Auffassung nach undemokratisch, aggressive Filme zu verbieten?«

Gespräch 3 könnte dann so weitergehen:

»In einer Demokratie gibt es doch keine Zensur. Sie würde gegen das Grundrecht der Presse- und Meinungsfreiheit verstoßen.«

»Es gibt aber doch auch bei uns Einschränkungen der Grundrechte. Denken Sie an militärische Geheimnisse, die Nachrichtensperre oder an die Arbeit der Filmkontrolle.«

Das Gespräch ist jetzt in der richtigen Bahn, man hat die unterschiedliche Auffassung des Wortes »Demokratie« im Griff. Deshalb:

✱ Vermeiden Sie umfassende Definitionen! Klären Sie einen Begriff immer themenbezogen!

Versuchen Sie nun, das auf die drei anderen Irrtümer anzuwenden. Tragen Sie jeweils eine klärende Frage ein!

IRRTÜMER
(Beispiele s. o.)

1: ABSEITS

2: MANAGEMENT BY OBJECTIVES

3: DEMOKRATIE

4: RADIKALE

KLÄRENDE FRAGE

1. _____

2. _____

3. »Warum ist es undemokratisch, aggressive Filme zu verbieten?«

4. _____

_____

_____

Lösungsvorschläge: »Warum war es Ihrer Meinung nach ein Abseits?« 2: »Warum meinen Sie, daß Management by objectives nicht zu unserem Stil paßt?« 4: »Warum gehört ›radikal sein‹ Ihrer Meinung nach zu einem guten Erzieher?« Wenn Sie selbst gefragt werden und einen Begriff erklären sollen, dann verzichten Sie auf Definitionen nach Studienratsart; es sei denn, Sie arbeiten an

einem Lexikon mit. Es handelt sich dabei um eine Methode der Definition, die seit der Antike mit Regelmäßigkeit von Gebildeten benutzt wird, wenn man sie fragt: »Was ist ein . . .?« Das ist ihr Aufbau:

Definition	Elemente
»Ein Kamel	zu definierender Begriff
ist ein Säugetier,	Angabe der Gattung (genus proximus)
mit zwei Höckern.«	Angabe der spezifischen Merkmale innerhalb der Gattung (differentia specifica)

Diese Definition verleitet zum Klassifizieren, d. h. zu extremer Knappheit, hoher Abstraktion und damit zum Gebrauch von Begriffen, die selber definitionsbedürftig sind. Auf jeden Fall gibt sie wenig Aufschluß darüber, was der andere sich unter diesem Begriff vorstellt.
Erklären Sie deshalb Begriffe möglichst anschaulich!
Hier finden Sie einige Methoden der Definition, die nach ihrer Brauchbarkeit für die Lösung von Verständigungsproblemen in eine Reihenfolge gebracht sind (die Brauchbarkeit nimmt ab):

Methoden der Definition

BRAUCHBARKEIT

Anwendungsbeispiele des Begriffs geben
Synonyme (gleichbedeutende oder sehr ähnliche Begriffe) nennen
angeben, was man unter dem Begriff nicht versteht (abgrenzen)
antike Definition (s. o.)

Zur Veranschaulichung dieser Definitionen vier verschiedene Erklärungsmöglichkeiten des Begriffs »partizipativer Führungsstil«:

*Anwendungs-beispiele

*Synonyme

*Abgrenzung

*Antike Definition

»Wenn ein Vorgesetzter seine Mitarbeiter bei Entscheidungen mitwirken läßt. Wenn er für Informationsfluß in beide Richtungen sorgt. Wenn er Selbständigkeit unterstützt.«
»Demokratischer Führungsstil, Führung durch Mitbestimmung und gegenseitiges Vertrauen.«
»Weder autoritär noch laissez-faire, keine selbstherrlichen Entscheidungen, keine verschlossenen Türen, keine Berufung des Vorgesetzten auf formale Autorität.«
»Ein Führungsverhalten, das durch die Mitwirkung der Mitarbeiter bei Entscheidungen charaktersiert ist.«
Sie sind immer dann auf dem besten Wege zu einer guten Verständigung, wenn Sie sich nicht an Definitionen mit Absolutheitsanspruch versuchen, sondern mit dem Sprachtheoretiker Wittgenstein der Ansicht sind:
»Ein Wegweiser ist in Ordnung, wenn er unter normalen Umständen seinen Zweck erfüllt« und »Eine Erklärung dient dazu, ein Mißverständnis zu beseitigen und zu verhüten – also eines, das ohne die Erklärung eintreten würde, aber nicht: jedes, welches ich mir vortellen kann«.
Wer wach ist gegenüber dem Trugschluß »Gleiches Wort – gleicher Gedanke« wird mehr Trainingsmöglichkeiten für die Technik des Aufklärens von Mißverständnissen erfahren, als ihm lieb ist. Wir leben nun mal in einer wortgläubigen Kultur.

Sokrates und Sherlock Holmes

»Kennen Sie übrigens die kürzeste Gespenstergeschichte der Welt?«

»Schießen Sie los.«

»Ein Mann fragt im Zug sein Gegenüber: ›Glauben Sie an Gespenster‹? ›Nein‹, sagt der und löst sich in Luft auf.«

»Mittelgruselig. Aber kennen Sie den kürzesten Witz der Welt?«

»Der Masochist sagt zum Sadisten: ›Quäle mich‹. ›Nein‹, sagt der.«

»Hahahaha.«

»Freut mich, daß Sie den lustig finden. Sadist sind Sie keiner.«

»Genauso wie der in Ihrem Witz.«

»Wieso?«

»Na, der will ja nicht quälen.«

»Jetzt frage ich mich, ob Sie wissen, was ein Masochist ist.«

»Was verstehen Sie denn darunter?«

Nun ist es also raus: das Eingeständnis, daß man eigentlich nicht hätte lachen dürfen, weil man einen Begriff nicht verstanden hat. Doch jetzt kommt die Frage »Was verstehen Sie denn darunter« wie ein Geständnis nach der Verurteilung – zu spät. Zum Eingeständnis einer Bildungslücke kommt noch das Peinliche hinzu; denn wer den Schaden hat, braucht für den Spott nicht zu sorgen. Wie oft sollten wir fragen und tun es nicht! Warum?

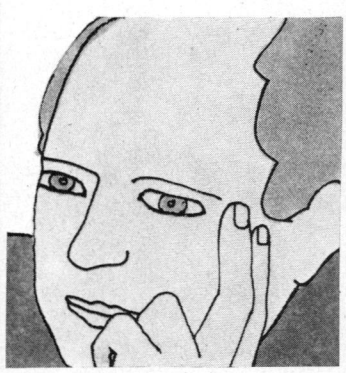

Fragen haben in Diskussionen oder Debatten einen schlechten Ruf. Wer fragt, gibt zu, daß er etwas nicht weiß. Das könnte die Position schwächen; deshalb läßt man es in der Regel sein und achtet besorgt darauf, die Unwissenheit nicht offenkundig werden zu lassen.

Anders ist es mit Fragen, die offensichtlich nicht von einem Unwissenden gestellt werden (»Haben Sie das letzte Interview des Wirtschaftsministers gelesen?« oder »Sie kennen doch wohl das Beckersche Gesetz?«). Sie sind für den Befragten oft so unbequem wie ein Verhör.

Die Angst vor Fragen, weil man die Blamage scheut und der Mißbrauch von Fragen, wenn man sie zur Bloßstellung des Gegenübers verwendet, lassen Fragen in Diskussionen in Mißkredit geraten. Dazu kommt, daß nur wenige gelernt haben, Fragen richtig zu stellen.

Hier geht es um zwei Fragesituationen:

SITUATION 1

| Frager lernt | Befragter weiß |

SITUATION 2

| Frager weiß | Befragter lernt |

Nennen wir Situation 1 die Sherlock-Holmes-Situation, Situation 2 die Sokrates-Situation.

DIE SHERLOCK-HOLMES-FRAGE:

»Und Ihr Vater?« fragte Holmes. »War er für eine derartige Verbindung?«

»Nein, er war auch dagegen. Außer Mr. McCarthy war niemand dafür.«

»Kann ich Ihren Vater sprechen, wenn ich morgen vorbeikomme?« fragte Holmes.

»Ich fürchte, das wird der Arzt nicht zulassen.«

»Der Arzt?«

»Ja, der Vater ist schon seit ein paar Jahren leidend, und diese Geschichte hat ihn völlig umgeworfen. Dr. Willow, das ist der Arzt, meint, es sei ziemlich ernst, er sei mit den Nerven völlig herunter. Mr. McCarthy war der einzige, der meinen Vater noch aus den alten Tagen in Victoria gekannt hat.«

»In Victoria?«

»Ja, in den Minen.«

»Den Goldminen? Mr. Turner hat sich dort sein Vermögen erworben, wenn ich recht unterrichtet bin?«

»Ja, genau.«

»Ich danke Ihnen, Miß Turner. Sie haben mir viel geholfen.«

(aus: Sir Arthur Conan Doyle, »Das Geheimnis von Bascombe Valley«)

Die Sherlock-Holmes-Frage kommt von einem Frager, der etwas Neues erfahren will.

In Diskussionen sind solche Situationen nicht selten. Man kennt vielleicht nur einen Begriff nicht, den der andere verwendet; oder man muß sich nach einer langen Ausführung wohl oder übel eingestehen, daß man so gut wie nichts verstanden hat. In neun von zehn Fällen wird das einzig Sinnvolle nicht getan: den anderen zu fragen, was das und das bedeutet.

Man hält sich vielmehr zurück und sagt entweder gar nichts oder drückt – wenn eine Stellungnahme erwartet wird – dem Gegenüber seine Zustimmung aus, in der Hoffnung, daß Fragen des anderen ausbleiben. Wer in einem solchen Falle nicht fragt, entscheidet sich gegen die Diskussion und riskiert, daß durch eine einzige Frage des Diskussionspartners der kleine Schwindel auffliegt. Das Paradoxe: Er geht einer (vermeintlichen) Blamage aus dem Wege und riskiert eine doppelte.

Übrigens, wie würden Sie reagieren, wenn Ihr Gesprächspartner Sie mit der Frage unterbrechen würde: »Das habe ich nicht verstanden. Was bedeutet das?« Wahrscheinlich positiv, denn das beweist, daß er Ihnen zuhört und daran interessiert ist, Sie zu verstehen. Der Frager befürchtet also meistens zu Unrecht, daß er sich durch seine »dummen« Fragen abwerten würde.

So gesehen, gehört nicht einmal Selbstbewußtsein, sondern nur Interesse an der Diskussion dazu, eine »dumme« Frage zu stellen.

Ein einfacher Fall liegt vor, wenn z. B. ein Diskussionspartner sagt: »Das Ergebnis ist statistisch hochsignifikant« und Sie den Begriff »signifikant« nicht kennen. Hier genügt schon die Frage: »Hochsignifikant?«

Nicht immer ist es so einfach, eine Frage zu formulieren. In einer Diskussion über die Krise der Schulen wird z. B. ausgeführt:

»Die Conditio sine qua non sind operational definierte Kurrikula. Dann ist es auch sinnvoll, valide und reliable objektivierte Verfahren zu erarbeiten. Den meisten Pädagogen ist ja nicht einmal klar, daß Zeugnisnoten simple Ordinal- und keine Intervalldaten sind.«

Ein Laie hat hier drei Sätze mit etwa acht Unbekannten zu knacken. Er könnte nun eine Unbekannte nach der anderen einzeln durch Fragen an den Sprecher auflösen. Wer es einmal versucht, bemerkt schnell, wie mühsam das ist.

Dazu ein Ausschnitt:

»Was heißt denn Conditio sine qua non? Ich wußte das mal, aber . . .«

»Eine Bedingung, die unbedingt erfüllt sein muß, ohne die es nicht geht.«

»Danke. Und operational definierte Kurrikula? Kurrikula sind doch Lehrpläne, nicht?«

»Ja, eigentlich Lernziele. Sie müssen aber operational definiert sein. Das heißt: Es muß angegeben sein, welches beobachtbare Verhalten der Schüler zeigen muß, um nachzuweisen, daß er das Lernziel erreicht hat. Dann muß angegeben sein, unter welchen Bedingungen er es zeigen muß. Und es muß der Maßstab angegeben sein, den man anlegen will.«

»Das tut man doch in der Schule schon lange. Das ist doch nichts Neues.«

»Keineswegs. Lesen Sie doch mal einen Lehrplan. Da steht nichts von Lernzielen drin. Da stehen Stoffgebiete drin. Was ist denn da operational definiert?«

»Hören Sie. Jeder Lehrer macht sich doch Gedanken darüber, welches Verhalten seine Schüler zeigen müssen. Das prüft er doch auch. In der Theorie haben Sie vielleicht recht, aber in der Praxis sehe ich keinen Unterschied.«

Das hatte der Frager vor:	Das hat er getan:
8 Begriffe nicht verstanden	8 Begriffe nicht verstanden
Nr. 1 erfragen	Nr. 1 erfragt
Nr. 2 erfragen	Nr. 2 erfragt
Nr. 3 erfragen	diskutiert

Nr. 4 erfragen

Nr. 5 erfragen

Nr. 6 erfragen

Nr. 7 erfragen

Nr. 8 erfragen

diskutieren

Hier liegt der Fehler beim Frager: Er hätte nur so lange fragen und zuhören dürfen, bis er die gesamte Ausführung verstanden gehabt hätte. Der Fehler kann auch beim Befragten liegen: Wenn er sich nicht auf die Beantwortung der Frage beschränkt und – statt den Begriff zu erklären – vom Hölzchen aufs Stöckchen kommt oder neue Argumente mit neuen Begriffen anhängt. In beiden Fällen ist der Faden nur mit eiserner Konzentration zu halten. Ersparen Sie sich diese Puzzlearbeit (z. B. 8 Fragen zu 8 Begriffen). Stellen Sie in einer solchen Situation besser die Frage:

»Was wollen Sie damit sagen?«

Logisch gesehen, ist das eine Zumutung, denn der andere hat es »damit« schon gesagt; psychologisch ist diese Frage aber eine sehr wirkungsvolle Aufforderung, dasselbe noch einmal so zu sagen, daß es der andere versteht.

Weniger geschickt sind Fragen wie »Können Sie das bitte übersetzen?« oder »Können Sie das bitte einfacher sagen?«; sie werden vom Befragten oft als Vorwurf verstanden und drängen ihn dann in die Verteidigung (»Das sind nun mal die richtigen Fachausdrücke«).

Die Frage »Was wollen Sie damit sagen?« wird höchstens dann als Vorwurf aufgefaßt, wenn man sie provokatorisch ausspricht (das »damit« betont); wenn man sie aus echtem Interesse stellt, kann sie kleine Wunder bewirken.

Zu unserem Beispiel:

»Was wollen Sie damit sagen?«
»Ganz einfach: Man muß erst so genau wie möglich angeben, was denn gelernt werden soll. Es reicht nicht, wenn man sagt: Englische Grammatik. Man muß sagen: Er muß die und die grammatikalischen Vorschriften in freier Rede mit höchstens so und so viel Fehlern verwenden können.«

»Und der Zusammenhang mit den Zeugnisnoten?«
»Wenn man die Lernziele so angegeben hat, kann man auch gerechte Tests entwickeln. Heute gibt doch der eine Lehrer die Note, der andere die. Er macht sich nicht einmal klar, daß der Abstand zwischen einer 2 und einer 3 bei ihm nicht derselbe ist wie zwischen einer 4 und einer 5.«

»Also keine gleichen Intervalle.«
»Nein, nicht wie beim Thermometer.«

Jetzt kann diskutiert werden. Ein weiteres Problem entsteht, wenn der Gesprächspartner etwas ausführt und man vermutet, daß es Andeutungen und Umschreibungen einer bestimmten Meinung sind, die der andere nicht direkt aussprechen möchte. Oder er führt etwas aus, dessen Bezug zum Thema man nicht sieht. Auch dann ist die Frage »Was wollen Sie damit sagen?« ein echter Rauchverzehrer.

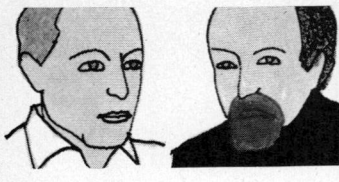

DIE SOKRATES-FRAGE:

In einer Konferenz:

»Sie haben alle die Ausführungen von Herrn Schreiber zur rechtlichen Situation gehört. Ich kann mir vorstellen, daß Sie dazu noch eine Reihe von Fragen haben. Bitte, Herr Groß.«

»Die Ausführungen waren trotz des Umfangs sehr interessant. Ich glaube, wir alle haben etwas dazugelernt, speziell für das Problem, das wir heute besprechen. Nun ist unser Problem doch sehr dringend, das dürfen wir nicht vergessen. Das ist mein Anliegen, das möchte ich zu bedenken geben.«

»Was wollen Sie damit sagen?«

»Ja, wir sollten jetzt nicht lange diskutieren, sondern sehen, was die Ausführungen von Herrn Schreiber für unser Problem bedeuten.«

»Vielen Dank, Herr Groß.«

Fragen vom Typ »Was wollen Sie damit sagen?« sind kein Patentrezept, um Verständigungsprobleme zu lösen. Es sei daran erinnert, daß es Äußerungen des Gesprächspartners gibt, die nur in einem Punkt unverständlich sind. In diesem Fall ist eine präzise Frage wie oben »hochsignifikant?« eher angebracht.

Nicht alle Fragen müssen vom Typ der Sherlock-Holmes-Fragen sein. Nicht in allen Fragesituationen ist der Frager der Lernende. Hören Sie Sokrates zu (Dialog »Kratylos«):

Sokrates:

»Weißt Du auch das nicht zu sagen, wer uns die Worte überliefert, die wir gebrauchen?«

Hermogenes:
»Auch nicht.«

Sokrates:

»Dünkt es Dich nicht der Gebrauch und die eingeführte Ordnung zu sein, was sie uns überliefern?«

Hermogenes:
»Das scheint wohl.«

Sokrates:

»Es ist also ein Werk dessen, der die Gebräuche einrichtet, des Gesetzgebers, dessen jener Belehrende sich bedient, wenn er sich der Worte bedient?«

Hermogenes:
»So scheint es mir.«

Sokrates:

»Und meinst Du, daß jedermann ein Gesetzgeber ist, oder nur, der die Kunst innehat?«

Hermogenes:
»Der die Kunst innehat.«

Sokrates:

»Also o Hermogenes, kommt es nicht jedem zu, Worte einzuführen, sondern nur einem besonderen Wortbildner. Und dieser ist, wie es scheint, der Gesetzgeber,

von allen Künstlern unter den Menschen der seltenste.«
Hermogenes:
»So scheint es.«

Sokrates fragt nicht, weil er etwas nicht weiß, er fragt, weil er etwas weiß. Er kennt die »richtige« Antwort und will mit seiner Frage herausfinden, ob der andere ihm zustimmt, bzw. erreichen, daß er ihm zustimmt. Diese Fragen sind eigentlich Übereinstimmungsfragen oder Bestätigungsfragen. Ihr Prototyp ist die Formulierung »Ist es nicht so?«

Die Sokrates-Frage ist die Frage der Lehrer. Genau gesagt: der guten Lehrer. Ein schlechter Lehrer doziert und fragt nicht; ein guter Lehrer bietet an und versichert sich durch Fragen, ob seine Informationen verstanden und akzeptiert werden. Neben der Kontrolle haben die Sokrates-Fragen einen wichtigen psychologischen Effekt: Der Zuhörer macht sich durch seine Antworten die Informationen des anderen zu eigen; sie werden ihm nicht aufgedrängt, sondern – seinem Gefühl nach – mit ihm zusammen entdeckt und geprüft. Wenn es also darum geht, jemanden nicht zu überreden, sondern zu überzeugen, sind Sokrates-Fragen ein unentbehrliches Hilfsmittel.

Zur Veranschaulichung ein Beispiel das nicht aus dem antiken Griechenland stammt. Die Situation: Ein Abteilungsleiter hat erfahren, daß ein Mitarbeiter (Herr Schwarz) einem Kunden gegenüber das Betriebsklima der eigenen Firma kritisiert habe. In einer Besprechung mit der Geschäftsleitung und dem Personalleiter schlägt der Abteilungsleiter vor, Herrn Schwarz vor den Kollegen zu rügen. Der Personalleiter ist anderer Meinung und möchte den Abteilungsleiter davon überzeugen.

1. FASSUNG

»Ich halte Ihren Plan nicht für gut. Sie wollen doch erreichen, daß Herr Schwarz das nicht wieder tut. Das schaffen Sie nur, wenn er gegenüber der Firma wieder ein gutes Verhältnis hat. Wenn Sie ihn jetzt vor den anderen zurechtweisen, macht ihn das nur noch saurer. Sie sollten besser mit ihm unter vier Augen sprechen und herausfinden, warum er sich bei uns nicht mehr wohlfühlt.«

2. FASSUNG

»Was wollen Sie denn bei Herrn Schwarz erreichen?
»Er soll wissen, daß es so nicht geht.«
»Ist es nicht wichtiger, daß er in Zukunft bei Kunden nicht mehr über uns schimpft?«
»Natürlich.«
»Glauben Sie nicht auch, daß er schimpft, weil er sich tatsächlich bei uns nicht wohlfühlt?«
»Vielleicht.«
»Wäre es dann nicht am besten, wenn er zur Firma wieder ein gutes Verhältnis hätte?«
»Hm.«
»Würde sich Ihre Einstellung zur Firma positiv oder negativ verändern, wenn man Sie vor Ihren Kollegen zurechtweisen würde?«
»Negativ.«
»Herr Schwarz wird also eher noch saurer. Er wird noch mehr hinter Ihrem Rücken über die Firma herziehen. Wissen Sie eigentlich, warum er sich nicht wohlfühlt?«
»Ich kann's mir denken.«
»Es gibt nur eine Möglichkeit für uns, das genau herauszufinden. Meinen Sie nicht?«
»Sie meinen, ich sollte mal mit ihm unter vier Augen reden?«
»Genau das meine ich.«

Sie haben es bemerkt: Die zweite Fassung enthielt vor allem Sokrates-Fragen. Dieses Gespräch widerlegt das Vorurteil, der Frager würde die Initiative aus der Hand geben und sich zum passiven Diskussionsteilnehmer erklären. Im Gegenteil, Fragen steuern die Diskussion. Sie sind wirkungsvoller als direkte Vorschläge oder Anweisungen, die leicht Widerspruch auslösen. (Man sagt ja auch: »Geben Sie mir den Aschenbecher?« und nicht »Geben Sie mir den Aschenbecher!«) Sokrates-Fragen »programmieren« die Reaktionen des Gesprächspartners. Das klappt reibungslos, wenn der Befragte diese Rolle unwillkürlich oder willkürlich akzeptiert. Bei Partnern mit einem empfindlichen Positionsbewußtsein ist Vorsicht geboten: Sie können sich durch Fragen dieser Art gegängelt fühlen oder befürchten, man wolle sie mit Fangfragen aufs Glatteis führen.

Dagegen gibt es nur ein Rezept: Verwenden Sie Sokrates-Fragen nicht wie ein Klischeestaatsanwalt, der im Kreuzverhör einen Zeugen festnageln will. Stellen Sie sie nur mit der Absicht zu prüfen, inwieweit der Gesprächspartner Ihre Argumentation versteht und mit Ihnen übereinstimmt. Und gehen Sie sparsam damit um, wenn der andere Unmut äußert.

Hier noch einmal eine Zusammenstellung der beiden Fragetypen:

SHERLOCK-HOLMES-FRAGE:

BEISPIEL	ABSICHT	VORTEILE
»Was heißt signifikant?« »Was wollen Sie damit sagen?«	Man will etwas Neues erfahren	Unklarheiten werden beseitigt

SOKRATES-FRAGE:

BEISPIEL	ABSICHT	VORTEILE
»Finden Sie nicht, daß es so geht?«	Man prüft Übereinstimmung und Verstehen	Übereinstimmungen werden hergestellt

Rauf oder runter?

Das folgende Gespräch muß nicht nur am Stammtisch stattfinden:

»Hast du schon dein neues Auto?«

»Bestellt.«

»Marke?«

»Alfa.«

»Ist doch so empfindlich. Und teuer. Bei denen klappt's mit der Wirtschaft nicht so richtig.«

»Na, bei uns auch nicht. Die letzten drei Jahre hat die Regierung ganz schön Mist gemacht.

Die haben einfach nicht die richtigen Leute. Bei den nächsten Wahlen wird es hoffentlich wieder anders.«

»Die anderen wissen es doch auch nicht besser. Uns ging es zu gut. So kann es aber nicht ewig weitergehen. Das hat mit der Regierung nicht viel zu tun. Das ist eine Gesetzmäßigkeit.«

»Das glaube ich nicht. Die ha-

ben mit ihrem Parteiprogramm der Wirtschaft Angst gemacht.

Und wenn die großen Unternehmer mal nicht mehr mitziehen, ist es aus.«

»Die haben sowieso alles in der Hand.«

»Aber bisher sind wir damit ganz gut gefahren.«

Die beiden wären sicher erstaunt, wenn man ihr Gespräch als »sehr abstrakt« bezeichnen würde. Denn bei »abstrakt« denkt man an Formeln, Philosophie und Kunst – nicht an Autos. Warum nicht?

Nehmen Sie z. B. den Satz: »Ein Alfa ist empfindlich und teuer.« Das ist seine Entstehungsgeschichte: Ein Freund des Sprechers hatte mit seinem Alfa nach 3000 km eine teure Reparatur wegen falscher Vergasereinstellung. Bei drei Gelegenheiten fiel das Wort »hochgezüchtet«, und der Sprecher hält den Alfa für teuer. Aus diesen Informationen entsteht die allgemeine Behauptung.

Der Sprecher abstrahiert (lat. ab = weg, trahere = ziehen) vom Einzelfall seines Freundes, von den drei Äußerungen und vom Autotyp. Was soll man dazu sagen?

Abstraktionen haben ohne Zweifel eine Reihe von Vorzügen:

* sie machen viele Einzelheiten überschaubar
* sie erleichtern die Erinnerung
* sie machen effektiven Informationsaustausch möglich

Das zeigt ein Gespräch mit zu wenig Abstraktionen:

»Herr Doktor, was haben Sie über meine Tochter herausgefunden?«

»Ja, Frau Ruge, Ihre Tochter ist jetzt sechs Jahre alt. Sie hat bei den Aufgaben zur Prüfung der Intelligenz einen Punktwert von 95 erreicht. Im Zeichentest wurde sie gebeten, ihre Familie zu zeichnen. Sie hat sich selbst als Hase, ihren Vater als Bär, Sie als Kuh und ihren kleinen Bruder als Vogel gezeichnet. Der Vogel ist größer als der Hase und sitzt zwischen den beiden Eltern. Im Szenotest hat sie nur Tiere verwendet. Die Püppchen blieben unbeachtet.«

Frau Ruge wird das weniger interessieren; sie will wissen »Was heißt das?«, »Was folgt daraus?«, »Wie schätzt der Arzt meine Tochter ein?«. Sie verlangt Abstraktionen, die der Arzt vorerst meidet. Vielleicht, weil er die Mutter mitdenken lassen möchte. Denn Abstraktionen verführen!

Denken Sie an die Schecks in der Brieftasche. Sie sind bequem, nützlich und werden bereitwillig angenommen, obwohl man ihnen nicht ansieht, ob sie gedeckt sind. Wer fragt schon nach? Und wer stellt schon ungedeckte Schecks absichtlich aus? Meistens geschieht es unwissentlich. Bei sehr hohen Beträgen ist allerdings mit dem Kontrollanruf bei der Bank zu rechnen; das um so früher, wenn der Kunde einen zweifelhaften Eindruck macht und/oder mit Schecks großzügig umgeht.

Diese Maßnahme ist auch gegenüber Abstraktionen uneingeschränkt zu empfehlen: Prüfen Sie sie, wenn sie für die Diskussion eine wichtige Rolle spielen, vor allem, wenn der Gesprächspartner großzügig damit umgeht. Und prüfen Sie Ihre eigenen, bevor es andere tun! Das einleitende Gespräch enthält (außer zum Thema Auto) mindestens 13 abstrakte Äußerungen. Sind sie »gedeckt«? Im Gespräch bleibt das ungeklärt.

Die Partner glauben einander oder es geht ihnen mehr um Konversation als um Diskussion.
Nehmen wir an, das sei bei der folgenden Diskussion anders.

»Die Universität hat versagt. Sie kann sich selbst nicht mehr helfen. Jetzt muß der Staat eingreifen, sonst ist es zu spät.«
»Bisher kamen die Universitäten immer ohne eine zentrale Kontrolle aus. Wenn der Staat sich einmischt, ist die Freiheit von Forschung und Lehre gefährdet.«
»Jetzt ist sie doch gefährdet. Nur durch ein Eingreifen des Staates kann sie überhaupt wieder gesichert werden!«

Zwei Abstraktionen stehen sich gegenüber »Freiheit der Universität durch den Staat« und »Freiheit der Universität ohne den Staat«. Wahre Schlagworte. Um diese Diskussionen weiterführen zu können, gibt es nur eines: Man steigt die Abstraktionsleiter hinunter und bittet den Partner, mitzukommen.

»Lassen Sie mich einige Gründe anführen, warum ich eine Zentralisation vorziehe. Wir haben z. B. für die große Zahl der Studenten zuwenig Studienplätze. Es gibt Bundesländer, die trotzdem Miniuniversitäten gebaut haben. Dozenten können die Länderverantwortung ausnützen und, was Gehalt und Position betrifft, ein Land gegen das andere ausspielen. Eine Universität entschließt sich schnell zu einem Numerus Clausus, die andere nicht. Die eine setzt diese Bedingungen fest, die andere jene. In meinen Augen führt all das zu Spannungen, die der Universität schaden. Spannungen, die durch größere Kompetenz des Staates verringert werden können. Was meinen Sie dazu?«

Akzeptiert der Diskussionspartner die Argumente nicht, muß man eben noch einen Schritt konkreter werden durch Angaben wie: Zahl der Studienplätze, Namen der Länder mit Miniuniversitäten, Gehaltsangebote an Dozenten von verschiedenen Ländern, Aufnahmebedingungen verschiedener Universitäten usw. Kann man das – mangels Information – nicht und hat sich vergewissert, daß der Diskussionspartner auf dieser Abstraktionsstufe ebenfalls die Taschen umkehrt, ist viel gewonnen: Man stellt fest, wie wenig man weiß und hat damit den ersten Schritt getan, für mehr Kapital zu sorgen.

Das Hinuntersteigen bereitet manchen Leuten Unbehagen. Sie scheuen das Konkrete wie ein Hund das kalte Wasser.

Machen Sie sich auf Ausreden gefaßt wie:

»Es geht doch um das Wesentliche, Grundsätzliche. Einzelheiten bringen uns nicht weiter.« »Die Einzelheiten sind uns längst bekannt. Darüber brauchen wir nicht mehr zu reden.« »Das ist doch klar. Daran ist nicht zu rütteln. Das leuchtet jedem ein. Was soll man da noch lange Gründe aufzählen?«

75

Bleiben Sie hart, wenn Ihnen eine Aussage zu abstrakt erscheint und Ihnen an der Diskussion gelegen ist. Sagen Sie offen »Ich möchte Ihr Argument verstehen. Bitte sagen Sie mir, wie Sie dazu gekommen sind« oder einfach »Darüber möchte ich gern mehr erfahren.«

Andererseits: Wenn Sie selbst mit einer Abstraktion auf Widerstand und Zweifel stoßen, geben Sie sich Mühe, konkreter zu werden und versuchen Sie, Einigung über die Fakten zu erzielen.

Es gibt Diskussionen, die daran scheitern, daß die Gesprächspartner beharrlich an einer Abstraktionsebene festhalten. Sie fahren stur im gleichen Gang, bis sie den Motor abwürgen. Dabei gilt einfach: herunterschalten, sobald man sich in der Diskussion schwer tut, also konkreter werden! Wenn es wieder läuft, kann man einen höheren Gang wählen.

Im folgenden Gespräch sind die Stellen durch Pfeile markiert, an denen ein Diskussionspartner die Abstraktionsebene wechselt (▲ = rauf, ▼ = runter).

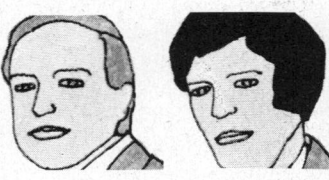

»Wie geht's Dir und Sabine?«
▼
   »Gut, aber ich finde sie ziemlich anstrengend.«

»Warum denn?«
▼
      »Sie ist zu aktiv.«

»In welcher Hinsicht?«
▼
»Sie will am liebsten jeden Abend ausgehen. Ob ich müde bin oder nicht, ist ihr egal.«

»Hat sie denn das schon mal gesagt?«
▼
»Nein, nicht direkt. Letztes Wochenende mußte ich zum Beispiel arbeiten. Ich war abends ziemlich kaputt. Wir waren eingeladen. Da ging sie eben allein.«

»Hat sie das schon öfter gemacht?«
▼
»Eigentlich nicht. Aber das
▲
wird sie immer wieder machen.«

Warum der eine Gesprächspartner immer versucht, herunterzuschalten, ist klar: Er kennt die Situation des anderen noch nicht. Er braucht Informationen und kann mit Pauschalurteilen wenig anfangen.

Der andere dagegen glaubt, bereits genug zu wissen, um grundsätzliche Schlüsse ziehen zu können. (»Ob ich müde bin oder nicht, ist ihr egal.«) Trotzdem kann ihm durch die Konkretisierung klar werden, daß er zu schwarz sieht. Es wäre nicht die erste Situation, die sich auf diesem Wege plötzlich als lösbar erwiese.

Hier einige Fragen, mit denen eine neue Abstraktionsebene aufgesucht werden kann:

RUNTER (KONKRETER)	RAUF (ABSTRAKTER)
Können Sie das an einem Beispiel klarmachen?	Welche Konsequenzen kann man daraus ziehen?
Wie kommen Sie zu dieser Ansicht?	Kann man daraus ableiten, daß . . .?
Welche Erfahrungen gibt es dazu?	Gilt das grundsätzlich?
Kann man das belegen?	Was können wir daraus lernen?
Sagen Sie mir bitte mehr darüber.	Wann müssen wir mit dem gleichen rechnen?
	Unter welchen Bedingungen kommt es dazu?

Die Wahl des richtigen Abstraktionsniveaus ist leichter, wenn Sie die Erkenntnis beherzigen:

IM ZWEIFELSFALL KONKRETER!

Gefährliche Töne

»Heißt du etwa Rumpelstilzchen?« »Das hat dir der Teufel gesagt, das hat dir der Teufel gesagt!« schrie das Männlein und stieß mit dem rechten Fuß vor Zorn so tief in die Erde, daß es bis an den Leib hineinfuhr, dann packte es in seiner Wut den linken Fuß mit beiden Händen und riß sich selbst mitten entzwei.« (Grimms Märchen)

Das ist wohl die spektakulärste Reaktion auf ein Wort, die je beschrieben wurde. Das Wort »Rumpelstilzchen« traf bei Rumpelstilzchen den Zünder; es explodierte. Für einen Außenstehenden, der die Vorgeschichte nicht kennt, ist das unverständlich. Nur in der ganz bestimmten Situation erhielt das Wort »Rumpelstilzchen« diese Sprengkraft.

Es gibt kaum ein Wort, das nicht einen wunden Punkt berühren kann. Nehmen Sie diese harmlos klingenden Äußerungen:
»Stimmt die Nr. 267843?«, »Um 10.20 Uhr«, »Er hat ihr ein Auto geschenkt.« Stellen Sie sich dazu die folgenden Situationen vor:

✱ Ein Journalist fragt bei einer Pressekonferenz einen Politiker, ob 267843 seine Parteinummer bei der NSDAP war.

✱ Ein Geschäftsmann erfährt, daß das nächste Flugzeug erst in zwei Stunden startet.

✱ Eine Ehefrau erzählt ihrem Mann, daß ihre Freundin ein Auto bekommen habe.

Verständlich, wenn es da zu einem Knall kommt. Der Journalist wird damit rechnen; vielleicht auch die Dame am Flughafenschalter.

Anders ist es bei der Ehefrau, vorausgesetzt, sie wollte wirklich nur erzählen. Wenn ihr Mann explodiert: »Wir können uns nun mal kein zweites Auto leisten!«, wird ihr klar werden, daß sie mit dem Zünder gespielt hat. Dann ist es wohl zu spät; der Schaden kann durch ein »so hab' ich es nicht gemeint« kaum repariert werden.

Viele Diskussionen sind durch Unfälle dieser Art auf der Strecke geblieben. Unfälle deshalb, weil man nicht in bezug auf den Diskussionsgegenstand an- und auseinandergeriet, sondern wegen einer Formulierung, die einem Partner die Fassung nahm.

Kinder werden rechtzeitig gewarnt: »Messer, Gabel, Scher' und Licht, sind für kleine Kinder nicht.« Eine Aufstellung von gefährlichen Äußerungen in Diskussionen ist nicht so einfach. Es kommt kaum vor, daß zwei Leute auf ein Wort gleich reagieren. Die Situation und der Kontext ändern sich von Gespräch zu Gespräch. Trotzdem haben wir eine Reihe von Eigenschaften gemeinsam, die unsere Reizbarkeit vergleichbar machen.

Was macht uns reizbar? Wie kann man uns dazu bringen, jemanden auf die Hörner zu nehmen? So ernüchternd es sein mag: mit denselben Methoden, mit denen man einen Stier dazu bringt. Man piesackt ihn oder hält ihm ein rotes Tuch vor. Auf der Diskussionsebene hat Piesacken etwas mit unserem Selbstbild zu tun; das rote Tuch hängt mit unserem Weltbild zusammen. Als typisch menschliche Reizmittel müssen schließlich noch »Ohrfeigenwörter« erwähnt werden. Doch nun der Reihe nach.

VORSICHT SELBSTBILD!

Wie sehen Sie sich? Kreuzen Sie nur die Eigenschaften an, die Ihrer Meinung nach auf Sie zutreffen:

Geben Sie sich jetzt für jedes Kreuz in den Zeilen 1, 3 und 5 einen Punkt und tragen Sie den Gesamtwert in das linke Kästchen vor dem Doppelpunkt ein. Der Gesamtwert der Zeilen 2, 4 und 6 wird in das rechte Kästchen eingetragen. Unter 1, 2 oder 3 können Sie Ihr Ergebnis nachlesen.

intelligent	modern	konsequent
schüchtern	eitel	voreingenommen
kritisch	ausgeglichen	erfahren
schwerfällig	beeinflußbar	egoistisch
ehrlich	kreativ	tolerant
empfindlich	vergeßlich	bequem

1. Werte ausgeglichen (Differenz bis 2 Punkte)
(z. B. 3:3, 6:4)
Sie gestehen sich sowohl wünschenswerte als auch weniger wünschenswerte Eigenschaften in gleichem Maße ein. In diesem Fall werden Sie Ihr Selbstbild wohl auch nicht mit übermäßiger Vehemenz verteidigen, wenn jemand daran kratzt. Beneidenswert!

2. Rechter Wert höher (Differenz mindestens 3 Punkte)
(z. B. 3:6)
Sie sind sich gegenüber bereits so kritisch, daß Sie Gefahr laufen, zu bereitwillig Kritik von anderen zu übernehmen.
Trauen Sie sich wirklich so wenig zu?

3. Linker Wert höher (Differenz mindestens 3 Punkte)
(z. B. 6:2)
Wenn Ihr Selbstbild in Frage gestellt wird, werden Sie reizbar und gefährlich, denn Sie verlieren dann leicht die Kontrolle über sich. Warum müssen Sie sich so hoch einschätzen? Aber trösten Sie sich: 95% der Leser schätzen sich so ein.

Ehrlichkeit z. B. ist eine der Eigenschaften, die zum Selbstbild fast eines jeden Menschen gehören, berechtigt oder nicht. Und die läßt sich niemand gerne anzweifeln. Damit muß man rechnen.
Im Anschluß finden Sie eine Aufstellung der Eigenschaften, die einerseits gehütete Bestandteile des Selbstbildes vieler Menschen sind, andererseits in Diskussionen leicht angekratzt werden können. Beispiele für solche gefährlichen – weil die Diskussion bedrohenden – Manöver enthält die rechte Spalte.

SELBSTBILD	GEFÄHRLICHES KRATZEN
INTELLIGENT+ INFORMIERT	»Jetzt sind Sie unlogisch.« »Sie wissen wohl nicht mehr, was Sie vorhin gesagt haben.« »Das soll einer mal begreifen.« »Davon haben Sie keine Ahnung.«
EHRLICH	»Sie wollen mich wohl für dumm verkaufen.« »Sie drehen mir absichtlich das Wort im Munde um.«
MODERN	»Das können Sie heute niemandem mehr erzählen.« »Das ist schon längst überholt.«
SOUVERÄN+ TOLERANT	»Sie müssen wohl oder übel zugeben, daß ich recht habe.« »Seien Sie doch nicht so empfindlich.« »Sie gehen grundsätzlich nicht auf meine Argumente ein.«
KONSEQUENT	»Sie behaupten alle fünf Minuten etwas anderes.« »Stehen Sie doch mal zu Ihrem Wort.«

Sie kennen jetzt Tips, wie man eine Diskussion in Kürze auffliegen lassen kann. Besonders erfolgreich sind Sie dabei, wenn Sie den Vorwurf möglichst persönlich formulieren, also »Sie« und »ich« verwenden. Sagen Sie nicht: »Es spricht vieles dafür, daß . . .«, sondern »Sie (!) müssen mir (!) zugeben, daß . . .«

Wer jedoch keinen Ärger provozieren möchte, der mit der Sache – dem Diskussionsziel – nichts zu tun hat, wird auf das Selbstbild seiner Partner Rücksicht nehmen. Das heißt keineswegs Beweihräucherung. Das heißt vielmehr: Weg von der Person, hin zur Sache! Die folgenden Beispiele sollen das illustrieren.

ZWEIFEL AN....	SACHBEZOGENE FORMULIERUNG
INTELLIGENZ+ WISSEN	»Das habe ich nicht verstanden. Erklären Sie bitte, wie Sie zu dieser Meinung kommen.« »Man kann das noch ergänzen.«
EHRLICHKEIT	»Es fällt mir schwer, das zu glauben. Man kann es auch anders verstehen.«
MODERNITÄT	»Es gibt aus den letzten Jahren Erfahrungen, die folgendes nahelegen...«
SOUVERÄNITÄT +TOLERANZ	»Halten Sie diesen Gedanken für vertretbar?« »Wo sind wir uns einig und wo sehen Sie Unterschiede?«
KONSEQUENZ	»Kann man Ihren Standpunkt so zusammenfassen...« »Sie meinen also...«

Die sachbezogene Formulierung ist prinzipiell besser als die persönliche. Bereits sensibilisierten Gesprächspartnern gegenüber kann es allerdings gerechtfertigt sein, bewußt zu »personalisieren« (s. auch Kapitel »Hilfreiche Begleitung«). Die folgenden Formulierungen kann man im Psychologenjargon »shock absorber« nennen. Sie sagen allesamt: »Keine Angst, ich will nichts Böses.«

Entspannendes Personalisieren ist z. B.:
»Glauben Sie mir, ich will nicht recht behalten.«
»Ich kann nicht erwarten, daß Sie alles akzeptieren, aber in einigen Punkten werden wir uns sicher einigen.«
»Ich würde mich nicht wundern, wenn Ihnen diese Argumente auf den ersten Blick unverständlich oder zweifelhaft erscheinen.«

VORSICHT WELTBILD!

Wenn unser Selbstbild in Gefahr ist, fühlen wir uns angegriffen – unser Blutdruck steigt. Worte, die unser Weltbild in Frage stellen, versetzen uns in Angriffstellung – unser Blutdruck steigt.

Lesen Sie die folgenden Textproben; vielleicht schafft es eine davon, Ihre »Reizschwelle« zu überschreiten.

Text 1: (»Rote Rübe 72–07«)

Das bedeutet: Nur durch eine soziale und bewußtseinserweiternde Revolution kann man weitgehend das Volk von Alkohol, Heroin und Religion befreien. Es gibt eine Gruppe von Menschen, die nicht selbst glauben, sich aber wenigstens gläubig stellen müssen. Das sind die bürgerlichen Politiker und Staatsmänner, Geistliche und Monarchen, Militaristen, Finanziers und Finanzkapitalisten, Henker, Steuereintreiber, Hausbesitzer, Polizeioberen – kurz alle Unterdrücker und Ausbeuter der Menschheit!

Text 2: (»Leichtathletik«, Heft 51/52)

Was ist das für eine Zeit, in der wir leben! Die Kriminalität breitet sich wie am laufenden Bande aus, die Frühinvalidität der durch Drogenräusche ruinierten jungen Menschen erreicht Rekordziffern . . . In diesen von Unvernunft beherrschten bösen Erscheinungen ist der Sport ein ruhender Pol. Wo seine Fahne im Winde flattert, blühen wie in einer Oase die kostbaren Blumen der Ritterlichkeit, Kameradschaft, Freundschaft.«

Text 3: (Günter Amendt, »Sexfront«, März-Verlag)

Wäre Gretchens Tragödie zu vermeiden gewesen, wenn der geile Faust anstatt mit einem Zaubertrunk mit Verhütungsmitteln experimentiert hätte? Hätten Romeo und Julia auch dann Schwierigkeiten gehabt, wenn sie einfach von zu Hause weggelaufen wären und es an der Riviera oder bei Freunden in Padua getrieben hätten? Wäre Schillers Drama so verklemmt, wenn Marquis Posa und Don Carlos miteinander ins Bett gegangen wären? Und Tonio Kröger hätte doch gleich im Norden bleiben können und, anstatt Gedichte zu schreiben und die Geige zu spielen, sowohl mit dem blonden Hans als auch mit der blauäugigen Inge vögeln können.«

Ist es einem oder mehreren Texten gelungen, in Ihnen das bekannte Kribbeln im Magen auszulösen, dann liegt das wohl an der zugrundeliegenden Einstellung, die der Ihren widerspricht. Es liegt aber auch an einzelnen **Reizwörtern,** die Ihnen diese Einstellung signalisiert haben. (Sie können das nachprüfen, wenn Sie einen Rotstift zur Hand nehmen und sämtliche Wörter unterstreichen, die ein Unbehagen in Ihnen auslösen.) Diese Wörter sind für eine bestimmte Weltanschauung so typisch geworden, daß sie bereits für sich allein ein rotes Tuch geworden sind.

Reizwörter dieser Art erschweren eine sachliche Diskussion, weil sie im Kopf des Zuhörers unkontrolliert Denkprozesse in Gang bringen. In der Regel sind sie überhaupt unkontrollierbar; sie werden nicht direkt ausgesprochen, sondern beeinflussen die Argumentation indirekt. Dazu ein Beispiel, das die unausgesprochenen Gedanken beider Partner auf der linken und rechten »Spur« festhält. Lesen Sie bitte im ersten Durchgang diese stummen Kommentare nicht mit! Die Situation: Ein Architekt unterhält sich mit einer Journalistin in einem Café.

ARCHITEKT

JOURNALISTIN

Stummer Kommentar		Stummer Kommentar

»Woran arbeiten sie gerade?«

»An einem Bericht über das neue Scheidungsrecht.«

»Ja, mit der Emanzipation haben sich die Frauen einige Nachteile eingehandelt. Die Lebensversicherung Ehe ist nicht mehr so einfach.«

»Man sollte dazu kommen, die Ehe überhaupt abzuschaffen. Sie war bisher eine verdammt teuer erkaufte Lebensversicherung für die Frau. Eben eine Männerherrschaft, die Frau war das Hausmädchen.«

»Sie haben einen Beruf, der Sie ausfüllt. Das werden immer mehr Frauen haben. Das heißt doch Gleichberechtigung.«

»Wo gibt es denn Frauen in leitenden Positionen? Kennen Sie eine Frau im Vorstand oder Aufsichtsrat? Die Frauen sind noch immer für Kinder und Küche da.«

»Männer können nun mal keine Kinder kriegen. Und viele Männer helfen ihren Frauen im Haushalt. Aber sie sind eben in der Regel die Ernährer der Familie.«

»Hoffen wir, daß sie es nicht mehr lange sein müssen. Wir sollten vielleicht in 30 Jahren nochmal über dieses Thema reden. Bestellen wir uns noch einen Kaffee?«

Die Kommentare zeigen, daß bestimmte Reizworte bei beiden Diskussionspartnern zu Gedankenketten führten, die nicht ausgesprochen wurden, somit ungeprüft blieben, aber den Gesprächsverlauf entscheidend beeinflußten.

Ziehen Sie daraus die Konsequenz, kontrollieren Sie Ihre Reaktionen auf Reizworte. Lernen Sie Ihre Reizworte kennen! Vor allem: Hören Sie Ihre stummen Kommentare (s. o.) und sprechen Sie sie aus. Und achten Sie dabei auf Ihre Gesprächspartner; versuchen Sie, ihnen eine sachliche Reaktion zu erleichtern, indem Sie selbst möglichst selten mit roten Tüchern wedeln.

VORSICHT TÄTLICHKEITEN!

Wenn Ihnen jemand ohne Warnung eine klebt, werden Sie ihm wohl auch eine kleben. Das ist eine Reflexhandlung.

Den Ohrfeigen entsprechen auf verbaler Ebene die sogenannten Verbalinjurien; Lexikon: »Eine durch Worte erfolgte Ehrverletzung.« Vor zwei Jahrhunderten zog ein »Sie Angeber« ein Duell nach sich; im Sonntagnachmittagswestern reicht sogar ein »Mit Ihnen trinke ich nicht«, damit es zur Schießerei kommt. Die Zeiten haben sich geändert. Duelle gehören der Vergangenheit an. Trotzdem ist es ratsam, bei Diskussionen – auch im Affekt – Ohrfeigenwörter zu meiden. Außer Schimpfwörtern, die nicht näher erläutert werden müssen, sind das z. B.

»Quatsch«
»Mist«
»Unsinn«
»Humbug«
»lächerlich«
»das Letzte«
»Geschwätz«
»primitiv«
»Bla-Bla«
»Blödsinn«
»Gequassel«
»Gefasel«

Zum Streiten gehören immer zwei. Bevor Sie das nächste Mal zurückschlagen, sollten Sie daran denken, daß die Feuerwehr Brände bevorzugt mit kaltem Wasser bekämpft.

Tricks und Drehs

oder

Es ist keine Kunst, recht zu behalten

Faust:

»Ich bitte dich, und schone meine Lunge –

Wer recht behalten will und hat nur eine Zunge, behält's gewiß.

Und komm, ich hab des Schwätzens Überdruß;

Denn du hast recht, vorzüglich weil ich muß.«

Wer hat gleiches nicht schon gedacht oder gesagt, etwa: »Ich habe es satt, mit jemandem zu diskutieren, der die bessere Technik, nicht aber die besseren Argumente hat. Ich habe es satt, zu diskutieren, wenn recht haben und recht behalten nicht dasselbe sind.« Wer hat nicht schon mit einer Mischung aus Bewunderung und Ärger zugesehen, wie ein mit allen Wassern gewaschener Diskussionsteilnehmer seinen Partner verunsicherte, in Widersprüche verwickelte, provozierte und schließlich dazu brachte, ihm zuzustimmen. Wer hat nicht schon selbst erlebt, daß er glaubte, die Argumente des anderen leicht korrigieren zu können, dann aber scheiterte, weil er dessen Verteidigungstricks nicht gewachsen war. Verständlich, daß man Diskussionen gegenüber mißtrauisch wird und sie scheut. Doch dabei darf es nicht bleiben!

Statt zu resignieren und doch immer wieder in Situationen zu kommen, in denen man sich unter Wert gehandelt fühlt, ist es besser, zu lernen. Wer Schmugglern auf die Schliche kommen will, muß deren Tricks kennen; und Schmuggler gibt es in Diskussionen mehr als genug. Einige dieser Tricks lernen Sie hier kennen. Das ist nicht ohne Risiko. Aus zwei Gründen: Erstens ist es eine Frage des Charakters, ob man Tricks erlernen kann, ohne sie auch anwenden zu wollen. (Es soll Zollbeamte geben, die selber zu Schmugglern geworden sind.) Zweitens wird man um so mißtrauischer anderen gegenüber, je mehr Tricks man kennt (siehe Zollbeamte). Dieses Mißtrauen kann Sie als Diskussionspartner ungenießbar machen.

Tricks werden wertlos, wenn sie jeder kennt. Wenn Diskussionsfinten nur noch ein müdes Lächeln hervorrufen, sind sie wertlos. Aktuell sind dann die Worte Fausts an Wagner:

»Such er den redlichen Gewinn!

Sei Er kein schellenlauter Tor!

Es trägt Verstand und rechter

        Sinn

mit wenig Kunst sich selber vor.«

Ein Blick in den rhetorischen Giftschrank

Besonders vier Situationen verführen in Diskussionen, Tricks und Drehs anzuwenden: Wenn es darum geht, jemanden zu beeindrucken, ihn zu manipulieren, sich zu verteidigen oder die Argumente des anderen abzuschießen. In einer sachlichen Diskussion sind alle vier Absichten fehl am Platze; hier geht es vielmehr darum, Argumente sachlich zu formulieren, das gegenseitige Verständnis zu erleichtern und die Argumente gemeinsam zu prüfen. Das ist etwas ganz anderes!

Vorweg eine Übersicht und Symbole, mit denen Sie sofort erkennen, welche Tricks zu welcher Absicht gehören.

ABSICHT	TRICKS UND DREHS
BEEINDRUCKEN! Argumente aufpäppeln	Einfaches Imponiergehabe Meinungen als Fakten ausgeben Zitieren Analogien, Bonmots Personalisieren
MANIPULIEREN Entscheidungsfreiheit des anderen einschränken	Bonbons Emotionalisieren Andeuten Scheinalternativen Selbstbekehrung Rhetorische Fragen
VERTEIDIGEN Negative Bewertung verhindern	Relativieren Einwände vorwegnehmen Retourkutsche Personalisieren Zeit schinden und ausweichen
ABSCHIESSEN Positive Wertung verhindern	Gesunder Menschenverstand Übertreiben Verunsichern So tun als ob

Warum beeindrucken?

In der Werbung gilt der Grundsatz: Je farbloser das Produkt, um so mehr muß dafür geworben werden. So kommt es, daß für ein harmloses Waschmittel oder eine Zahnpasta mit Familienglück, Gewissen, Sex, medizinischen Gutachten, weißen Rittern und Elefanten die Werbetrommel gerührt wird. Wem das Trommeln einmal in Fleisch und Blut übergegangen ist, der kann es schwerlich lassen. Anders kann man sich auch das Verhalten von Diskussionsteilnehmern nicht erklären, die bei allem, was sie sagen, das große Tamtam anstimmen möchten. Freilich sind jene häufiger, die nur bei Argumenten, die ihnen wichtig sind, keine Mühe scheuen, sie unversehrt über die Runden zu bringen. Korrekturen anbringen oder einen Irrtum einsehen zu müssen, setzen sie einer persönlichen Niederlage gleich, die Schimpf und Schande bedeutet. Deshalb also das Aufpäppeln der eigenen Argumente, manchmal bis zur Unkenntlichkeit.

EINFACHES IMPONIERGEHABE

Eine Reihe von Äußerungen sind für die Diskussion bedeutungslos. Sie dienen nur dazu, den Sprecher aufzuwerten.

»Das steht alles viel besser in dem neuen Buch von Taylor, Richard, glaube ich. Nein, der hat die ›Biometrics‹ geschrieben. John Taylor, Columbia, wissen Sie, der in den fünfziger Jahren das ›Journal of Industrial Statistics‹ herausgegeben hat.«

MEINUNGEN ALS FAKTEN AUSGEBEN

Vermutungen werden nicht als solche geäußert (»Ich bin der Ansicht, daß«, »Folgendes spricht dafür . . .«), sondern als erwiesene Fakten aufgetischt. Eine Hochstapelei.
Durch Fragen aufdecken!

»Es ist ohne Zweifel, daß . . .«
»Die Tatsachen sehen doch so aus . . .«

»Das sind doch alles Gerüchte. Wer sich auskennt, der weiß genau, daß . . .«
»Lassen Sie mich mal sagen, wie es wirklich ist . . .«
»Ich will mal reinen Wein einschenken.«
»Da gibt es gar keine Diskussionen, es ist ganz klar, daß . . .«
»Wenn eines gewiß ist, dann . . .«

ZITIEREN

Wer halb zitiert, hat ganz gewonnen!
Zitate dienen oft nur dazu, sich hinter dem beschworenen Geist eines Großen zu verstecken. Sie haben nur dann einen Wert, wenn sie eine neue Information enthalten. Prüfen Sie das!

»Ich weiß mich hier einig mit unserem verehrten Präsidenten.«
»Ich muß zugeben, daß diese Ansicht nicht von mir stammt. Schon X (einzusetzen: Kennedy, Freud, Marx, Goethe, Mao, Einstein, Brecht) hat zu diesem Thema gesagt . . .«
»Der größte Experte auf diesem Gebiet, Professor Egg, hat nach jahrelangen Forschungen festgestellt . . .«

ANALOGIEN, BONMOTS

Sie leuchten unmittelbar ein; deshalb sind sie gefährlich. Denn ein Satz kann wahr, aber als Analogie falsch sein.
Fragen Sie: »Was soll damit gesagt werden?«, und »In welcher Hinsicht ist es vergleichbar?«
Bonmots und Aphorismen sind in der Regel unzulässige Verallgemeinerungen!

»Ein Vater darf nicht zu tolerant sein. Er muß ein Knochen sein, an dem sich die Jungen die Zähne wetzen.« *(Peter Ustinov)*
»Freud ist ein lügender Lügendetektor.« *(Timothy Leary)*
»Was Hänschen nicht lernt, lernt Hans nimmermehr.«
»Es ist weniger gefährlich, den Menschen Unrecht zu tun, als ihnen zuviel Gutes zu tun.« *(La Rochefoucauld)*

PERSONALISIEREN

Wenn man an ein Argument die eigene Person hängt, wiegt es schwerer. Wenigstens bei Zuhörern, die nicht trennen können. Die Freiheit der Diskussion wird eingeschränkt, weil persönliche Tabus ins Spiel kommen.
Deshalb: Sache und Person gezielt entflechten und die Sache ansprechen.

»Sie können mir glauben, daß ich keine Mühe gescheut habe. Da stecken zehn Tage harter Arbeit drin.«
»Sie werden mich doch beim besten Willen nicht als kleinlich oder altmodisch bezeichnen.«
»Ich bin jetzt weiß Gott lange in diesem Beruf und habe mehr Verhandlungen geführt als irgendjemand hier im Hause. Deshalb kann ich mir – glaube ich – ein Urteil erlauben.«

Warum Manipulieren?

Die Lernpsychologen haben viel mit Ratten experimentiert. Eine klassische Situation ist die Aufgabe, eine Ratte dazu zu bewegen, von einem Käfig in einen anderen zu laufen. Zwei Methoden haben sich durchgesetzt: Man legt ein Stück Futter in den anderen Käfig oder man versetzt der Ratte einen elektrischen Schock. Von diesen Methoden kann lernen, wer das Ziel einer Diskussion darin sieht, den anderen in eine Ecke zu treiben: Man locke ihn oder man schocke ihn. Es gibt außerdem noch subtilere Möglichkeiten, die aber alle eines gemeinsam haben: Der Gesprächspartner soll durch Tricks und nicht durch Argumente dahin gebracht werden, wo man es möchte. Nennen wir das Manipulieren.

Dahinter steckt die Einstellung, unbedingt »gewinnen« zu wollen und das heißt, in Diskussionen recht zu behalten. Diese Einstellung führt auch zum Wunsch, mit seinen Argumenten zu beeindrucken (s. o.). Wer manipuliert, will uns einen Ring durch die Nase ziehen. Machen wir ihm das nicht zu leicht!

BONBONS

Man »belohnt« den anderen, wenn er sich so verhält, wie man möchte. Lassen Sie sich nicht einwickeln, sondern versuchen Sie, nüchtern zu bleiben!

»Ich weiß, daß Sie immer versucht haben, moderne Auffassungen durchzusetzen, zum Teil gegen große Widerstände. Deshalb brauche ich wohl kaum zu befürchten, daß Sie diese Vorschläge ablehnen, nur weil sie unkonventionell sind.«

»Auf dem Gebiet haben Sie doch schon soviel Erfahrung, daß Ihnen keiner so schnell was vormachen kann. Deshalb bin ich ganz sicher, daß Sie folgendes genauso sehen . . .«

EMOTIONALISIEREN

Ein Argument erhält zu seinem Informationsgehalt noch einen Gefühlswert angehängt (s. o. Kapitel »Gefährliche Töne«). Reagieren Sie wie beim Personalisieren (s. o.) durch gezieltes Entflechten von Informationen und Gefühl. Reagieren Sie nicht selbst emotional.

Emotionalisieren ist eine so große Gefahr für die sachliche Diskussion, daß Sie schnell eingreifen sollten. Löschen Sie, bevor es brennt!

»Ich bin für Evolution, nicht
für Revolution!«
»Wir können doch nicht vor ein
paar pubertierenden Querulan-
ten in die Knie gehen! Wir haben die verdammte Pflicht und
Schuldigkeit, aus denen ordent-
liche Menschen zu machen.«
»Reden führt uns nicht weiter.
Was wir zeigen müssen, ist
Mut, Entschlossenheit und persönlichen Einsatz. Wir müssen
zusammenhalten.«

APPELLIEREN

Eigentlich ein Sonderfall des
Emotionalisierens: Man appel-
liert an gefühlsbeladene Einstel-
lungen, um den anderen zu
einem bestimmten Verhalten zu
bringen.
Entflechten Sie wiederum Gefühl und Sache! (Z. B. »Ich sehe
das nicht so dramatisch. Es geht
doch darum, daß . . .«)

»Wollen Sie sich diese Unge-
heuerlichkeit gefallen lassen?«
»Ich kann mir nicht vorstellen,
daß Sie zu den Leuten zählen,
die heute das und morgen das
sagen, nur weil sie Angst haben,
irgendwo anzuecken.«
»Werden Sie den Mut haben,
die richtige Entscheidung zu
treffen?«

ANDEUTEN

Man deutet an, was man sich
nicht traut, offen auszuspre-
chen. Man sagt: »Ich will nicht
sagen, daß . . .« und tut es
doch. Das ist Schlitzohrigkeit.
Holen Sie die Andeutung sofort
ans Licht. Fragen Sie ohne zu
zögern: »Welche Fehler?«,
»Was würde unseren Ruf in Gefahr bringen?« »Warum nehmen Sie dann das Wort Lüge in
den Mund?«

»Ich will darauf verzichten, auf
die vielen Ungenauigkeiten und
Fehler im einzelnen einzugehen
– das lohnt sich nicht –, sondern meine Ansicht wiederholen
. . .«
»Sehen wir einmal ganz davon
ab, wie unser Ruf darunter leiden würde, wir wollen ja ganz
nüchtern diskutieren . . .«
»Ich will jetzt nicht die 30 Jahre
Betriebszugehörigkeit und
meine Position im Betriebsrat
ausspielen, das wäre unfair . . .«
»Fast hätte ich gesagt, das ist
eine Lüge . . .«

SCHEINALTERNATIVEN

Man läßt nur zwei Antworten zu, obwohl mehrere möglich sind. Wehren Sie sich gegen diese Manipulation. Zum Beispiel: »Es gibt noch mehr Möglichkeiten . . .« oder »Wäre es nicht realistischer . . .«	»Es gibt hier nur die Wahl zwischen einem klaren Ja und einem klaren Nein!« »Halten Sie es für besser, den Plan aufzugeben oder wollen Sie nach einer zusätzlichen Finanzierung suchen?« »Sollen wir Herrn Wolf behalten oder nicht?«

SELBSTBEKEHRUNG

Man spricht von sich und meint den anderen. Damit lassen sich Dinge sagen, die man dem anderen nicht ohne Widerspruch sagen könnte (z. B. »Sie haben nur Vorurteile!«).	»Mir ging es zuerst wie Ihnen. Ich sagte mir auch: Das kann doch gar nicht gutgehen, das ist doch Unsinn. Aber dann ist mir klargeworden, daß es nur Vorurteile waren und ich sagte mir: Probier's mal aus. Seither habe ich dazu eine andere Meinung.«

RHETORISCHE FRAGEN

Das sind eigentlich keine Fragen, weil der Sprecher keine Antwort erwartet. Er will Zustimmung. Egal, ob sie mit dem Thema etwas zu tun hat, er wird sie mit dem Thema in Zusammenhang bringen. Sagen Sie: »Hat auf diese Frage schon jemand nein gesagt?« und stellen Sie eine sachliche Frage.	»Wir haben in den letzten zwei Jahren erreicht, daß die Fluktuation um die Hälfte abgenommen hat. Ist das etwa nichts?« »Sind Sie nicht für die persönliche Freiheit? Sind Sie nicht für das Recht auf ein persönliches Eigentum?«

Warum sich verteidigen?

Nur wer gewinnen will, muß fürchten, daß er verlieren könnte. Nur wer in Diskussionen recht behalten will, muß seine Argumente mit allen Mitteln verteidigen. Er kann es sich nicht leisten, dem Gesprächspartner eine andere Meinung zuzubilligen und mit ihm zusammen die Argumente zu prüfen oder neue zu entwickeln. Man verteidigt sich, wenn man sich angegriffen fühlt. Nun sollten in Diskussionen nur Argumente »angegriffen« werden, also auch nur Argumente »verteidigt« werden. Das ließe sich sehr sachlich tun, indem man z. B. mehr Informationen anführt. Viele fühlen sich jedoch persönlich angegriffen, wenn man ihre Argumente kritisiert und verteidigen sich dann auch nicht sachlich, sondern versuchen es mit Tricks und Drehs, von denen wir Ihnen nachfolgend ein paar Kostproben geben. Schon um diese Tricks und Drehs bei sich zu durchschauen, benötigen Sie eine Portion Selbstsicherheit und eine positive Einstellung zum Diskutieren – wie viel mehr noch, wenn Sie in Zukunft darauf verzichten wollen.

RELATIVIEREN

Eine bequeme Methode, sich mit einer Kritik nicht auseinandersetzen zu müssen, ist, sie zu verallgemeinern.
Das können Sie verhindern, wenn Sie konstruktiv kritisieren (z. B.: »Was halten Sie von folgendem Vorschlag, um für mehr Gerechtigkeit zu sorgen . .?«).

»Natürlich ist das irgendwie ungerecht. Aber sehen Sie sich doch mal um. Auf unserer Welt gibt's nirgends Paradiese. Sie werden immer Ungerechtigkeit finden.«
»Sie werfen mir vor, ich würde in erster Linie an mich denken. Jetzt frage ich Sie: Tut das nicht jeder? Das müssen wir doch alle.«
»Wo viel Licht ist, ist viel Schatten.«

EINWÄNDE VORWEG NEHMEN

Der Wink mit dem Zaunpfahl: »Du wirst dich hüten zu kritisieren!«
Lassen Sie sich keine Angst einjagen und kritisieren Sie, wenn Sie es für nötig halten! (Z. B.: »Vielleicht leide ich an Verfolgungswahn, aber . . .«)

»Das ist ein Modell, gewiß. Aber es wäre sehr billig, einfach zu sagen: Das hat noch nicht funktioniert. Das Entscheidende ist doch das neue Prinzip.«
»Soweit die Situation. Man müßte schon an einer Art von Verfolgungswahn leiden, wenn man darin eine Gefahr sehen würde.«

RETOURKUTSCHE

Haust du meinen Lukas, hau' ich deinen Lukas! Man erspart sich dabei die Mühe, auf die Kritik eingehen zu müssen. Kommen Sie wieder darauf zurück, am besten sachlich. Wenn es sein muß, zum Thema »bessermachen« z. B., auch so:
»Man braucht selbst keine Eier zu legen, um zu erkennen, ob eines faul ist.«

»Sie sagen, mein Vorschlag sei nicht realisierbar. Machen Sie es erst mal besser, bevor Sie kritisieren.«
»Wie kommen Sie dazu, meine Einstellung mit faschistischen Gedanken zu vergleichen. Das kann nur ein Linksradikaler wie Sie!«

PERSONALISIEREN

Die Persönlichkeit des Kritisierten stellt sich schützend vor das eigene Argument oder greift die Person des Kritikers an. Feiner, aber ebensowenig sachbezogen, ist das Kokettieren mit persönlichen »Schwächen« (die letzten zwei Beispiele). Am besten ist eine Frage zum Thema, die den anderen auffordert, sachlich Stellung zu nehmen.

*

»Wollen Sie damit sagen, daß ich nichts von Ausbildung verstehe?«

»Wie alt sind Sie denn? Haben Sie die Zeit nach dem Kriege erlebt? Sie haben doch keine Ahnung, wie es wirklich zugegangen ist.«
»Glauben Sie mir oder glauben Sie mir nicht?«
»Ich bin eben nur ein bürgerlicher Mensch, der seine Sorgen hat.«
»Sie werfen mir vor, ich sei nicht großzügig. Nun, ich bin eben ein Schwabe, aber die Schwaben sind damit nicht schlecht gefahren.«

ZEIT SCHINDEN UND AUSWEICHEN

Manche Leute können nie zugeben: »Da muß ich erst mal nachdenken« oder »Sie haben recht«. Sie schlagen stattdessen Haken.
Warten Sie ab und vergessen Sie Ihre Kritik nicht; denn Sie müssen sie wohl wiederholen.

»Das ist eine interessante Frage. Ich muß zugeben, Sie haben einen Punkt angesprochen, zu dem ich mir auch schon viele Gedanken gemacht habe.«

Warum abschießen?

Eine liebenswerte Kritik über Konferenzen und Diskussionen stammt von Francis Scott Fitzgerald: »Keine große Idee wurde je auf einer Konferenz geboren, aber viele dumme Gedanken sind dort gestorben.«
Diese Kritik ist deshalb liebenswert, weil es weit öfter heißen müßte: »Viele gute Gedanken sind dort gestorben.«
Sie sind gestorben, weil es einem Teilnehmer gelungen ist, sie abzuschießen. Abschießen und kritisieren sind zweierlei. Kritisieren heißt, ein Argument in bezug auf das Diskussionsziel bewerten und diese Bewertung begründen (s. Kapitel »Balken im Auge«). Abschießen heißt dagegen, ein Argument aus anderen als aus sachlichen Gründen zu Fall zu bringen.
Die folgenden Tricks und Drehs haben schon so viele gute Ideen auf dem Gewissen, daß ihre Anwendung in Diskussionen unter Strafe gestellt werden sollte. Wirkungsvoller ist wohl, sie zu durchschauen.

GESUNDER MENSCHENVERSTAND

Der gesunde Menschenverstand sagt uns, daß die Erde flach wie ein Pfannkuchen ist. Er ist oft nichts anderes als das Brett vor dem Kopf.
Versuchen Sie, bei solcher Kritik konkreter zu werden (s. Kapitel »Rauf oder runter«) und durch Zwischenfragen zu kontrollieren, ob Sie verstanden werden (s. Kapitel »Sokrates und Sherlock Holmes«).

»In der Theorie mag das ja stimmen. Aber in der Praxis sieht das doch ganz anders aus.«
»Wissen Sie, das hört sich schön an. Aber die Menschen können Sie nicht ändern. Die werden immer so sein.«
»Ich halte nichts von Ihren progressiven Ideen. Genausowenig wie von veralteten Vorstellungen. Der goldene Weg liegt immer in der Mitte.«

ÜBERTREIBEN

Diese Gegenargumente malen den Teufel an die Wand; das um so wirkungsvoller, als sie sich den Anschein der Logik geben (wenn . . ., dann . . .).
Zeigen Sie auf, daß andere Schlüsse möglich sind!

»Ich bin ja auch dafür, daß wir mehr Vergünstigungen einführen. Aber wenn man das einmal anfängt, muß man immer mehr zugestehen. Da können wir uns gleich als Fürsorge verstehen.«
»Ich habe Sie so verstanden, daß sich darüber nicht einmal die Experten einig sind. Dann können wir als Laien doch überhaupt nichts entscheiden.«

VERUNSICHERN

So fragt ein Kommissar im Verhör, wenn er noch sehr wenig weiß, das aber nicht zugeben möchte.
Stellen Sie fest, ob der andere mehr wissen möchte oder nur eine Zielscheibe sucht. Sagen Sie z. B.: »Ich habe meine Informationen von . . . Sagen Sie mir bitte, was Sie von dem Vorschlag halten.«

»Sind Sie da ganz sicher?«
»Haben Sie sich vergewissert, daß es dazu nicht neue Erfahrungen gibt?«
»Was glauben Sie, wie die meisten Ihrer Kollegen Ihren Vorschlag beurteilen würden?«
»Woher wissen Sie das denn so genau?«

SO TUN ALS OB

Den »advocatus diaboli« zu spielen, kann sinnvoll sein, wenn man sich »zu einig« ist. Dann müssen die Diskussionspartner jedoch zusammenarbeiten.
Gefährlich ist dieses Spiel, wenn der Teufel selbst den Teufel spielt und sagt: »Ich tu' mal so, als ob . . .«

»Ich tu' jetzt mal so, als sei ich ein überzeugter Gegner der Mitbestimmung. Dann würde ich an Ihrem Vorschlag zuerst kritisieren, daß . . .«
»Ich finde Ihr Argument gut. Mir leuchtet es ein. Aber wenn ich mir vorstelle, wie meine Kollegen darauf reagieren . . .«

Hier noch einmal das Sündenregister und drei Gebote:

Das sollten Sie vermeiden	Das sollten Sie tun
Die eigenen Argumente aufpäppeln	Die Argumente sachlich formulieren
Die Entscheidungsfreiheit des anderen einschränken	Dem anderen die für eine Entscheidung wichtigen Informationen verständlich machen
Eine negative Bewertung der eigenen Argumente und eine positive Bewertung der fremden Argumente verhindern	Gemeinsam mit dem Gesprächspartner die eigenen und die fremden Argumente prüfen

Neuer Kanal

Der Kommunikationsforscher Irving Lee machte sich ein Vergnügen daraus, als der einzige Mann der Fakultät bezeichnet zu werden, der kein Dreieck zeichnen konnte. Das Geheimnis: Er nahm Anleitungen wörtlich und brachte damit manchen Studenten erst in Schweiß und dann zum Schweigen. Zum Beispiel so:

»Zeichnen Sie drei Geraden, die verbunden sind.«	»Zeichnen Sie drei Punkte.«
»Zeichnen Sie drei Geraden, die sich an den Spitzen berühren.«	»Zeichnen Sie drei Punkte, die nicht auf einer Linie liegen.«
»Zeichnen Sie drei Geraden so, daß sie nur drei Winkel bilden.«	»Verbinden Sie diese Punkte.«
»Zeichnen Sie drei Geraden so, daß sie eine Fläche einschließen.«	»Verbinden Sie die drei Punkte durch Geraden.«

(Irving J. Lee und Laura L. Lee, »Handling Barriers in Communication«)

Wenn sich ein Kommunikationsforscher diesen Spaß macht, versteht man die pädagogische Absicht: Das Spiel ist eine Demonstration dafür, daß die Sprache auf manchen Gebieten zwei linke Hände hat. Genauer gesagt: Daß wir beim Sprechen auf manchen Gebieten zwei linke Hände haben. Im obigen Beispiel wäre alles ein-

fach, wenn man das verflixte
Ding zeichnen könnte:

Wir leben im audiovisuellen
Zeitalter. Besonders im Bereich
der Ausbildung erinnert man
sich heute daran, daß Informationen über mehrere Kanäle =
Medien übertragen werden können. Es gibt Schätzungen dazu,
wie die Aufnahme von Informationen vom »Sendekanal« ab-
hängt:
Der Mensch behält demnach:

20% was er hört

30% was er sieht

50% was er sieht
und hört.

*(Veröffentlichung der American
Management Association »Revolution in Training«, 1962)*

Wenn das stimmt, muß jeder,
der Informationen weitergeben
will, beweglich mehrere Kanäle
einsetzen. Er sollte wissen,
welche Informationen am besten über welche Medien ankommen. Häufig heißt das, Medien zu kombinieren.
Wer sich daraufhin die gängi-

gen Diskussionen ansieht, muß
sich in die Steinzeit der Kommunikation versetzt fühlen.
Man sendet beharrlich auf
einem Kanal; man redet und redet. Zugegeben, in einer Diskussion ist schwerlich mit Tonbandgerät, Diaprojektor oder
Videorecorder weiterzukom-
men; doch es gibt einfachere
und flexiblere Medien, z. B.:

Aufzeichnungen
Notizen
Skizzen
Schemata

Modelle
Streichhölzer
Münzen
Bierdeckel

Damit eröffnen Sie sich und
Ihren Diskussionspartnern
einen »visuellen Kanal«. Sie
brauchen dazu nicht einmal
eine Steckdose.

GEBRAUCHSANWEISUNG FÜR NOTIZEN

Typische Situationen:
1. Eine Reihe von sich zum Teil überschneidenden Argumenten soll übersichtlich geordnet werden.
2. Verschiedene Vorschläge sollen anhand mehrerer Kriterien geprüft werden.
3. Es soll verhindert werden, daß bereits ausdiskutierte Argumente immer wieder in die Diskussion geraten.

Die konventionelle Lösung kennen Sie sicher: Sie versuchen, mit eiserner Konzentration die genannten Argumente aufzuzählen, zusammenzufassen oder zu ordnen. In zwei Drittel der Fälle verlieren Sie den Faden. Im restlichen Drittel halten Sie durch, müssen aber erleben, daß Ihr Zuhörer nicht mitgekommen ist oder einen Knoten entdeckt hat. Schalten Sie also sich und dem anderen zuliebe einen Zusatzkanal ein und nehmen Sie ein Blatt Papier zur Hand. In **Situation 1** könnte das so aussehen: Diskussion zum Thema: Soll Herr A eine Gehaltserhöhung bekommen?

ARGUMENTE FÜR

gute Leistung
höhere Bezahlung bei Konkurrenz
sonst Unzufriedenheit
erhöhte Abwanderungsgefahr
Arbeitseinsatz nimmt ab
schwer ersetzbar
fördert Umsatz
Neubesetzung teuer

ARGUMENTE GEGEN

vor kurzem erhöht
Gerechtigkeit gegenüber anderen
bereits Sonderleistungen
finanzielle Lage
über Durchschnittsniveau der Firma
Erhöhungsrate geht nicht so weiter
Personalkosten bereits über Planung

Diese Aufstellung ist eine Arbeit von drei Minuten. Ihr Vorteil: Die Argumente sind nach Punkten, die »dafür« und Punkten, die »dagegen« sprechen, geordnet. Die Diskussionspartner sehen jetzt zweifellos klarer.
Auch die anderen beiden Situa-

tionen können mit Hilfe solcher Notizen geklärt werden. Dazu zwei Skizzen:
Situation 2: Prüfung von Vorschlägen nach mehreren Kriterien (Beispiel: Anschaffung eines Kopiergerätes).

Kriterien Vorschläge	Bedienbarkeit	Preis	Termin	Ausnutzung
1. Modell A	+ +	−	+	+
2. Modell B	+ +	+	+ +	+ + +
3. Modell C	+ + +	− −	+	+
4. Modell D	−	+	+	+ +
5. Modell E	+	+ +	−	+ + +

Statt Kreuzchen, wie beim Warentest, kann man auch Zensuren von 1 bis 6 verteilen. Versuchen Sie dagegen einmal, eine solch differenzierte Bewertung ausschließlich mündlich vorzunehmen oder dieses Ergebnis ausschließlich mündlich einem anderen zu berichten!
Situation 3: Ausschaltung von ausdiskutierten Argumenten
Das gelingt am einfachsten, wenn Sie eine Argumentenliste wie in Situation 1 (s. o.) erstellen und ausdiskutierte Argumente mit Zustimmung Ihres Partners durchstreichen. Ein dicker Strich durch ein Argu-

ment ist eine sehr wirkungsvolle Barriere gegen den Wunsch, es wieder in den Mund zu nehmen!
Notizen wie die eben erwähnten sollen der Verständigung dienen. Sie erfüllen diesen Zweck nur, wenn sie als Teamwork aller Gesprächspartner erstellt werden. Jeder, der mitschreibt, sollte aber auch gleichzeitig fragen bzw. zuhören. Nur wenn der Diskussionspartner mitgearbeitet hat, wird er eine solche Liste als inoffizielles Protokoll anerkennen und in der Diskussion bei passender Gelegenheit verwenden.

103

GEBRAUCHSANWEISUNG FÜR SKIZZEN

Und das per Telefon!
»Ganz einfach. Du fährst bei der Autobahn Süd raus. Kennst du ja. Dann kommst du auf eine Hauptstraße. Nach links abbiegen. Links, ja? Und die fährst du bis zu einer Brücke. Da geht's rechts ab. Die dritte Querstraße, an einer Tankstelle, wieder rechts bis zur Ampel. Dann links und vor der Kirche wieder rechts. Das ist die Siegfriedstraße. Die fährst du ganz durch. Am Ende geht's rechts in den Amselweg. Die Nummer 8 ist es dann. Alles verstanden? Du bist erst bei der Ampel? Also nochmal. Ist gar nicht so schwierig, wie es sich anhört . . .«

Hier ist – wie beim Dreieckzeichnen – das Medium Sprache eine Notlösung. Der Hörer am anderen Ende der Leitung wird ohnehin an einer Skizze basteln. Damit ist die Sache tatsächlich »ganz einfach«:

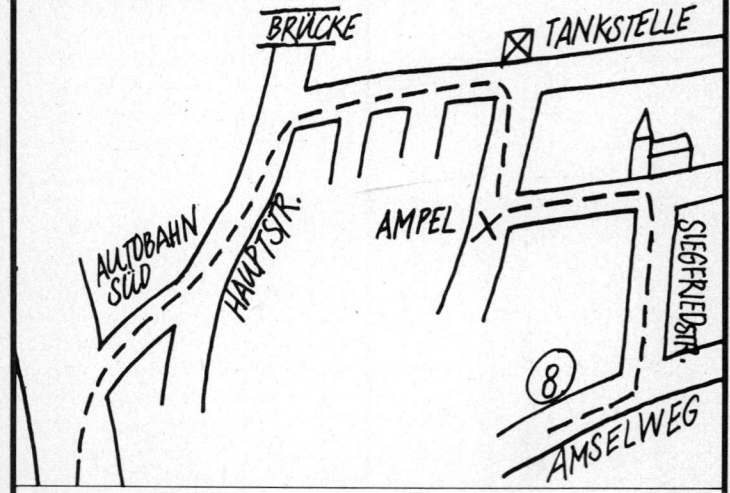

Skizzen sind immer dann eine große Hilfe oder sogar unentbehrlich, wenn etwas Gegenständliches beschrieben werden soll. Denken Sie an das Funktionieren eines Motors, den Plan eines Hauses, den Unterschied zwischen einem 2-Spur- und einem 4-Spur-Tonband.

Skizzen sind immer dann am Platze, wenn Sie über etwas Konkretes diskutieren und nicht sicher sind, ob der Gesprächspartner dasselbe darunter versteht wie Sie. Wie oft das der Fall ist, wird meistens unterschätzt.

GEBRAUCHSANWEISUNG FÜR SCHEMATA

Im Gegensatz zu Skizzen sind Schemata abstrakten Inhalten vorbehalten. Sie können Ordnungen, Zusammenhänge und Denkmodelle verdeutlichen.

In einer Diskussion über Drogen erklärt Ihnen ein Gesprächspartner:

»Die Diskussion über Rauschmittel und Drogen wirft Dinge in einen Topf, die gar nicht zusammengehören. Droge ist jeder Arzneirohstoff. Uns interessiert hier nur der Drogenmißbrauch. Da geht es in erster Linie um psychotrope Substanzen. Nach einer Einteilung sind das einmal die Psycholeptica mit dämpfender Wirkung, die Psychoanaleptica mit anregender Wirkung und die Psychodysleptica, die psychoseartige Zustände hervorrufen können. Für den Mißbrauch kommen in Frage bei den Psycholeptica Schlafmittel, wie z. B. Barbiturate, bei den Psychoanaleptica die Weckamine, wie z. B. Preludin, die Opiate und Alkohol, bei den Psychodysleptica halluzinogene Stoffe wie Haschisch und LSD. Darüber sollte man sich jetzt im einzelnen unterhalten.«

Haben Sie die Einteilung mitbekommen? Kontrollieren Sie es, indem Sie in diesem Falle ein Baumschema wie dieses anfertigen:

	Psychotrope Substanzen	
Psycholeptica (dämpfend)	Psychoanaleptica (anregend)	Psychodysleptica (halluzinogen)
z. B. Barbiturate	z. B. Opiate Alkohol	z. B. Haschisch LSD

Akzeptiert Ihr Gesprächspartner dieses Schema und haben Sie sich überzeugt, daß er Sie verstanden hat, dann können Sie es in der Diskussion als »Landkarte« immer wieder verwenden.

Anregungen für Schemata finden Sie in der Technik (Fluß- diagramm), der Kybernetik (Regelkreis) und der Mengenlehre. Verläufe lassen sich sehr gut durch Kurven beschreiben. Ein ähnliches Schema wird hier eingesetzt, um den Sachverhalt des »Break-even-Punktes« (Gewinnschwelle) in der Kostenrechnung darzustellen:

»Das sind einmal die produzierten Stückzahlen im letzten Jahr und die dabei entstandenen proportionalen Kosten.«

DM

pr. Kosten

Stück

»Dazu kommen die fixen Kosten, die unabhängig von der Produktion gleichgeblieben sind.«

DM

Gesamtkosten
pr. Kosten

fixe Kosten

Stück

»Das sind zusätzlich die Erlöse.«

DM

Erlöse
Gesamtkosten
pr. Kosten

fixe Kosten

Stück

»Interessant ist der Schnittpunkt, der sogenannte Break-even-Punkt. Ab dann liegen die Erlöse über den Kosten. Sie sehen, daß wir das erst in den letzten beiden Monaten erreicht haben. Zuvor lagen wir in der Verlustzone. Ich schraffiere das mal.«

DM

Erlöse
Gesamtkosten
fixe Kosten
pr. Kosten

Stück

Sachverhalte wie in den obigen Beispielen nur mit Worten zu erklären, setzt eine Menge sprachlicher Fähigkeiten voraus. Die Erstellung von Schemata verlangt dagegen nur geringes zeichnerisches Können. Ganz ohne Zeichnen kommen Sie bei den folgenden Modellen aus.

GEBRAUCHSANWEISUNG FÜR MODELLE

Wenn Sie einem Diskussionspartner klarmachen wollen, daß es keinen Sinn habe, gegeneinander Stellung zu beziehen, sondern daß es darauf ankomme, sich gemeinsam um die Lösung eines Problems zu bemühen, haben Sie zwei Möglichkeiten:

1. Sie senden auf einem Kanal und sagen: »Wir sollten nicht den Fehler begehen und versuchen, jeweils die eigene Meinung über die Sache durchzusetzen. Wir sollten uns besser gemeinsam um die Sache bemühen.«

2. Sie senden auf zwei Kanälen, greifen zu einer Streichholzschachtel, dem Salz- und dem Pfefferstreuer und sagen: »Wir können es so machen: in der Mitte das Problem und Sie und ich einander gegenüber.«

»Besser wäre es aber: wir beide nebeneinander und vor uns das Problem.«

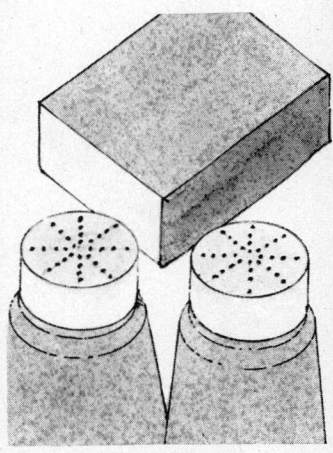

Damit haben Sie einfache Gebrauchsgegenstände zu wirkungsvollen Hilfsmitteln »umfunktioniert«. Sie werden bemerken, daß Sie im Umgang mit solchen Modellen viel einfacher und damit verständlicher und direkter sprechen. Kein Wunder: die Information ist auf mehrere Kanäle verteilt; Schemata oder Modelle sprechen mit.

107

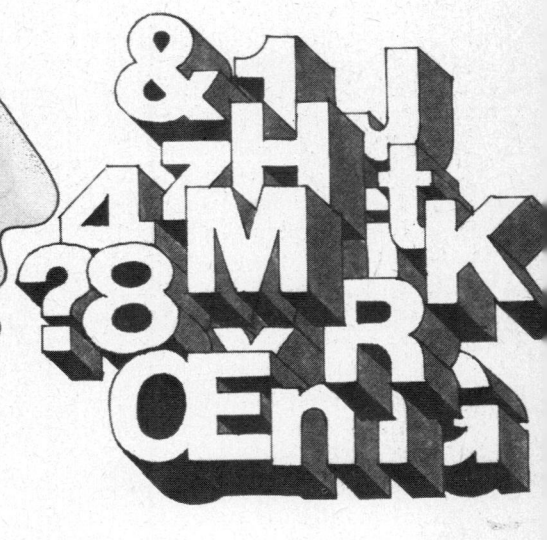

ÜBERTRAGUNG

3

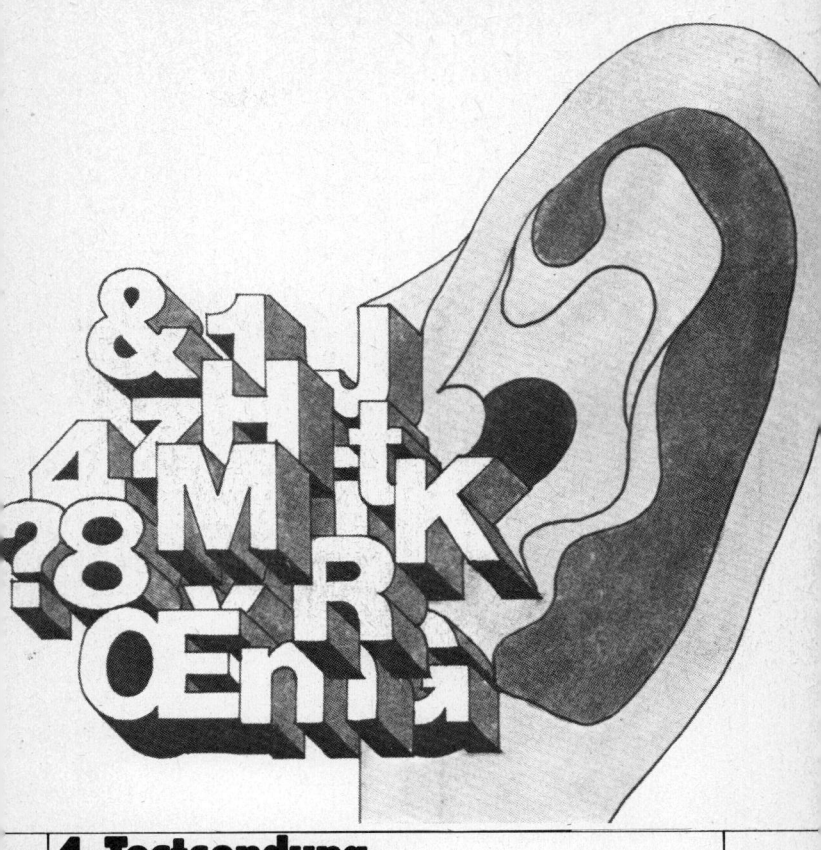

1. Testsendung

2. Seltene Neugier

Testsendung

Wer seine Stimme zum erstenmal vom Tonband hört oder sich gar vom Videoband bzw. Film sprechen sieht, ist in der Regel erstaunt. Man erlebt sich verfremdet; zugleich fallen einem Gewohnheiten auf, die man sonst nicht bemerkte. Man ärgert sich über ein »Äh« oder »Nich?«, über ein Stottern, über das hastige Sprechtempo oder – wenn man sich sieht – über die Hand vor dem Mund. Sicher stört dergleichen unsere Eitelkeit. Viel wichtiger ist es jedoch, solche Gewohnheiten daraufhin unter die Lupe zu nehmen, inwieweit sie bei einem Gespräch die Verständigung erschweren.

Es gibt eine Reihe von Rhetorikbüchern (»Wie werde ich ein erfolgreicher Redner?«), die sich vor allem auf gute Ratschläge beschränken, z. B.: »Sprechen Sie immer klar und deutlich.« Doch genausowenig wie Skilaufen können Sie Sprechen im Lesesessel erlernen. Was Sie dazu brauchen, ist die unmittelbare Kontrolle Ihres Sprachverhaltens. Am besten suchen Sie sich also jemanden, der Ihnen zuhört; auch ein Tonbandgerät ist unentbehrlich. Im Anschluß finden Sie einen Beobachtungsbogen, der Ihnen vorschlägt, worauf Sie achten können.

Gehen Sie nun in folgenden
Schritten vor:

* Diskussion über ein beliebiges Thema und Aufzeichnung auf ein Band.

* Auswertung des eigenen Sprachverhaltens mit Hilfe des Beobachtungsbogens.

* Diskussion der Auswertung und Festlegen eines Trainingsplanes.

Wichtig ist, daß Sie spontan
sprechen und vergessen, daß
aufgezeichnet und beobachtet
wird. Das erreichen Sie am besten, wenn Sie eine längere Zeit
aufzeichnen und ein Diskussionsthema wählen, das es in
sich hat. Bei der Diskussion mit
dem Gesprächspartner über die
Auswertungsergebnisse müssen
Sie erfahren, welches Sprechverhalten der andere als angenehm
bzw. unangenehm oder als die
Verständigung erleichternd
bzw. erschwerend empfunden
hat. Entwickeln Sie daraus eine
Liste von Verhaltensweisen im
Gespräch, die Sie ändern wollen
und überlegen Sie sich, wie sie
sich ändern lassen. Versuchen
Sie, neue Aufzeichnungen zu
machen und kontrollieren Sie
dann, wie weit Ihnen diese Veränderungen gelungen sind.

Beobachtungsbogen zum eigenen Sprechverhalten

Kreuzen Sie jeweils die am besten zutreffende(n) Kategorie(n) in jedem Kasten an. Tragen Sie andernfalls eine eigene Beschreibung unter »besondere Merkmale« ein.

Stimmfarbe		
schrill	hell	mittel
dunkel	spröde	kippend
melodisch	schneidend	dünn
voluminös		

Besondere Merkmale:

Stimmkraft		
leise	gepreßt	mittel
laut	aufdringlich	wechselnd
dynamisch	lasch	betonend

Besondere Merkmale:

Sprechtempo		
stockend	langsam	mittel
schnell	hastig	fließend
rhythmisch	pausenlos	lange Pausen
abgehackt		

Besondere Merkmale:

Aussprache		
überdeutlich	deutlich	nuschelnd
ver- schluckend	näselnd	stotternd
lispelnd	Dialekt	

Besondere Merkmale:

Satzbau		
kurz	mittel	lang
verschachtelt	abgebrochen	häufige Wiederholungen
abstrakt	konkret	viele Fremdwörter
viele Fragen	monologisierend	grammatikalisch falsch
durchsichtig	sagt zuviel	sagt zu wenig

Besondere Merkmale:

Sprachmarotten		
viele »Äh«	viele »Und«	viele »Nicht?«
viele »Ich«	viele »Ich würde sagen«	

Besondere Merkmale:

Sprechbeginn (Einstiege)		
schüchtern	bestimmt	rück-sichtslos
fragend	ungeduldig	originell

Besondere Merkmale:

Beim Sprechen bewegen sich nicht nur die Stimmbänder oder der Unterkiefer. Es gibt die »Körpersprache«. Die wenigsten Leute wissen, wie sie mit dem Körper sprechen. Dabei kann ihnen nur ein Beobachter helfen, es sei denn, sie treten öfter im Fernsehen auf. Die folgenden Bilder sollen Anregungen geben. Versuchen Sie, solche Verhaltensweisen in den Griff zu bekommen, die Ihrem Gesprächspartner unangenehm auffallen und es ihm schwermachen zuzuhören.

Seltene Neugier

»Gehen Sie angeln?«
        »Nein, ich gehe angeln.«
»Ah, ich dachte schon, Sie gehen angeln.«

Derart extreme Hörmängel kommen in Diskussionen selten vor; trotzdem: es gibt wenig Menschen, die zuhören können. Denn Zuhören kostet oft Mühe, es strengt an. Mancher gleicht dabei einem Motor auf Hochtouren – aber im Leerlauf. Besonders schwer fällt das Zuhören, wenn man glaubt, längst zu wissen, was der andere sagen will.

Entgegen einem Vorurteil ist Zuhören keine passive Angelegenheit. Es verlangt vielmehr, daß man zeitweise eigene Meinungen und Absichten zurückhält und nichts anderes möchte, als den anderen zu verstehen. Das heißt, neugierig darauf zu sein, was im anderen vorgeht.

Wer das nicht schafft, wird schon nach wenigen Worten seines Gesprächspartners eine Meinung haben, ungeduldig werden und ihn unterbrechen oder sofort loslegen, wenn sich eine Gelegenheit dazu bietet. Ein guter Zuhörer kann zeitweise die Maßstäbe und Wertungen des anderen übernehmen; er wird zuerst verstehen wollen, bevor er bewertet. Es fällt schwer, sich klarzumachen, daß verstehen und bewerten zwei verschiedene Dinge sind. Wir hören doch gerne jemandem zu, der unserer Meinung ist und verweigern die Bereitschaft, verstehen zu wollen, sobald wir Ansichten hören, die den unseren widersprechen. Oft genügen bereits einige »Signalwörter«, um das Gitter herunterfallen zu lassen (s. Kapitel »Gefährliche Töne«). So ist Zuhören nicht nur eine Sache des Verstandes, sondern auch des Gefühls – man muß den anderen akzeptieren.

Dazu gehört Selbstsicherheit. Wer es sich nicht leisten kann, die eigene Meinung in Frage zu stellen, wird sich davor hüten, die andere zu verstehen zu versuchen. Er wird sie vielmehr sofort abwehren und nicht auf sie eingehen. Er wird Golf spielen, nicht Tennis.

Zum guten Zuhören gehört also:

* Neugier auf die Gedanken des anderen,
* grundsätzliches Anerkennen der anderen Meinung,
* Bereitschaft, eine Bewertung aufzuschieben.

Carl Rogers, der das »nichtdirektive« Beratungsgespräch in die Psychotherapie eingeführt hat, schildert eine Möglichkeit, die Fähigkeit des aktiven Zuhörens zu trainieren und zu kontrollieren:

»Ich schlage Ihnen einen kleinen Laboratoriumsversuch vor, mit dem Sie Ihre Verständnisfähigkeit testen können: Wenn Sie das nächste Mal eine Diskussion mit Ihrer Frau, mit einem Freund oder einer Freundesgruppe haben, unterbrechen Sie die Diskussion und stellen Sie folgende Vorschrift für das Experiment auf:

Jeder darf sich erst dann selbst äußern, wenn er zuvor die Ideen und Gefühle des Gesprächspartners exakt und zu dessen Zufriedenheit wiedergegeben hat.

Dies würde einfach bedeuten, daß man sich vor Darlegung des eigenen Standpunktes in das Bezugssystem des Gesprächspartners versetzen sollte, um dessen Gedanken und Gefühle soweit zu verstehen, daß man

ihm eine Zusammenfassung davon geben kann. Das ist ganz einfach, werden Sie sagen. Aber wenn Sie es selbst ausprobieren, so werden Sie sehen, daß es eines der schwierigsten Dinge ist, die Sie je versucht haben.«
(Carl Rogers, zitiert von Roger Mucchielli, »Das nichtdirektive Beratungsgespräch«)

Machen Sie diesen Versuch! Sie werden feststellen, daß Sie plötzlich neue Formulierungen gebrauchen, wie z. B.: »Sie finden also, daß . . .«, »Sie sind also der Meinung . . .«, »Ihrer Ansicht nach . . .«, »Mit anderen Worten . . .«, »Habe ich das richtig verstanden . . .«, »Sie glauben . . .«

Nicht zuletzt werden Sie die Wirkungen solcher Formulierungen bei sich und beim anderen erleben: Man fühlt sich verstanden und wird sicherer; das zeigt sich vor allem darin, daß man sich nicht mehr so schnell verteidigt oder gegenseitig angreift. Die Bewertung der Argumente wird sachlicher und fruchtbarer. Schließlich werden Sie es als Erfolgserlebnis empfinden, wenn der andere Ihnen zeigt, daß er sich verstanden fühlt.

»Eine der wichtigsten Publikationen des Jahres.«
Rheinischer Merkur

Diese Sammlung eindringlicher Essays ist so etwas wie die geistige Autobiographie eines der bedeutendsten Psychoanalytiker unserer Zeit. Sein sehr erfolgreiches Buch »Kinder brauchen Märchen« hat Bruno Bettelheim auch dem allgemeinen Leserpublikum in der Bundesrepublik bekannt gemacht.

Dieser Essayband ist die erste Zusammenfassung der wichtigsten kürzeren Arbeiten, die Bettelheim zu dem Thema geschrieben hat, das ihn Zeit seines Lebens am meisten beschäftigte: das Überleben in extremen Situationen.

Bruno Bettelheim
Erziehung zum Überleben
Studien zur Psychologie der
»Extremsituation«
381 Seiten,
Gebunden
mit Schutzumschlag

Deutsche Verlags-Anstalt

Zum Nachschlagen und Informieren

Handlexikon zur Literaturwissenschaft

Hg. von Diether Krywalski. Band 1: Ästhetik–Literaturwissenschaft, materialistische [6221]. Band 2: Liturgie–Zeitung [6222]

Lexikon der Archäologie

Warwick Bray / David Trump
Band 1: Abbevillien–Kyros der Große
Band 2: Labyrinth–Zweitbestattung
Mit 94 Abb. auf Tafeln u. zahlr. Textillustrationen [6187 u. 6188]

Lexikon der griechischen und römischen Mythologie

von Herbert Hunger mit Hinweisen auf das Fortwirken antiker Stoffe und Motive in der bildenden Kunst, Literatur und Musik des Abendlandes bis zur Gegenwart [6178]

Begriffslexikon der Bildenden Künste

in 2 Bänden. Die Fachbegriffe der Baukunst, Plastik, Malerei, Grafik und des Kunsthandwerks. Mit 800 Stichwörtern, über 250 Farbfotos, Gemäldereproduktionen, Konstruktionszeichnungen, Grundrissen und Detailaufnahmen.
Band 1: A–K [6142]
Band 2: L–Z [6147]

Künstlerlexikon

985 Biographien der großen Maler, Bildhauer, Baumeister und Kunsthandwerker. Mit 290 Werkbeispielen, davon 245 in Farbe. Bd. 1 [6165]; Bd. 2 [6166]

Comics-Handbuch

von Wolfgang J. Fuchs und Reinhold Reitberger. Das «Comics-Handbuch» bietet viel Anschauung, sachliche Informationen und Analysen; es gibt Interpretationshilfen und vermittelt Bewertungsmaßstäbe für alle, die sich aus Neigung oder Beruf mit Comics befassen. [6215]

Lexikon der Kunststile

in 2 Bänden. Mit 322 Abbildungen, davon 253 in Farbe. Band 1: Von der griechischen Archaik bis zur Renaissance [6132]; Band 2: Vom Barock bis zur Pop-art [6137]

Lexikon der Weltarchitektur

in 2 Bänden. Hg. von Nikolaus Pevsner, John Fleming und Hugh Honour. Auswahl und Zusammenstellung der Bilder Dr. Walter Romstoeck. Mit über 1000 Abbildungen. Band 1: A–K [6199]; Band 2: L–Z [6200]

rororo Schauspielführer von Aischylos bis Peter Weiss

Hg. von Dr. Felix Emmel. Mit Einführungen in die Literaturepochen, in Leben und Werke der Autoren; 100 Rollen- und Szenenfotos. Anhang: Fachwörterlexikon, Autoren- und Werkregister [6039]

rororo Musikhandbuch

Band 1. Musiklehre und Musikleben [6167]; Band 2. Lexikon der Komponisten, Lexikon der Interpreten, Gesamtregister [6168]

Zum Nachschlagen und Informieren

Geschichte des Films

von Ulrich Gregor und Enno Patalas. Dokumentation und Nachschlagewerk zugleich.
Bd. 1: 1895–1939 [6193]
Bd. 2: 1940–1960 [6194]

Film verstehen

von James Monaco. Kunst – Technik – Sprache. Geschichte und Theorie des Films. «Film verstehen» schlüsselt alle Aspekte des Mediums und ihre Beziehungen zueinander auf [6271]

Familienkino

von Michael Kuball. Geschichte des Amateurfilms in Deutschland
Band 1: 1900–1930 [7186]
Band 2: 1931–1960 [7187]

rororo Filmlexikon

Hg. von Liz-Anne Bawden und Wolfram Tichy. Band 1–3: Filme, Filmbeispiele, Genres, Länder, Institutionen, Technik, Theorie [6228, 6229, 6230].
Band 4–6: Personen, Regisseure, Schauspieler, Kameraleute, Produzenten, Autoren [6231, 6232, 6233]

Folk Lexikon

von Kaarel Siniveer. Daß Bewertungen gegeben werden, die sich an musikalischem Können und der Kraft der Texte orientieren, versteht sich aus der Musik selbst heraus. Über sie zu informieren ist Grundlage des Lexikons [6275]

Jazz-Lexikon

von Michael Henkels und Martin Kunzler. In etwa 1000 Artikeln werden Musiker, Gruppen und Bands aus mehr als 50 Jahren explosiv-lebendiger Jazz-Geschichte vorgestellt [6248]

Rockmusik

von Tibor Kneif. Ein Handbuch zum kritischen Verständnis [6279]

Sachlexikon Rockmusik

von Tibor Kneif. Instrumente, Stile, Techniken, Industrie und Geschichte. Aktualisierte und erweiterte Ausgabe [6223]

Rock-Lexikon

von Siegfried Schmidt-Joos und Barry Graves unter Mitarbeit von Bernie Sigg. Aktualisiert und erweitert. 150 neue Biographien [6177]

Marxistisch-leninistisches Wörterbuch der Philosophie

in 3 Bänden. Neubearbeitete und erweiterte Ausgabe. Hg. von Georg Klaus und Manfred Buhr [6155; 6156; 6157]

Lexikon der Erotik

von Ludwig Knoll und Gerhard Jaeckel. Ein Lexikon dieser Art gab es bislang nicht. Es informiert freimütig und befreiend über alle Aspekte der Sexualität und Erotik. Bd. 1: A–K [6218], Bd. 2: L–Z [6219]

Bobby Fischer lehrt Schach

Ein programmierter Schachlehrgang von Weltmeister Bobby Fischer [6870]

Praktisches Wissen

sachbuch rororo

Dr. med H. ANEMUELLER
Iß dich gesund. Leistungsfähig und aktiv durch Essen mit Verstand [7128]

George R. Bach/Roland M. Deutsch
Pairing. Intimität und Offenheit in der Partnerschaft [7263]

GUNTHER BISCHOFF
Speak you English? Programmierte Übung zum Verlernen typisch deutscher Englischfehler [6857]
Managing Manager English. Gekonnt verhandeln lernen durch Üben an Fallstudien [7129]

Bekommen was man möchte, in sieben Sprachen, die man nicht kann
Bildsprachführer in Englisch, Deutsch, Französisch, Italienisch, Griechisch, Spanisch, Japanisch, Holländisch [7258]

BLOOM / COBURN / PEARLMAN
Die selbstsichere Frau
Anleitung zur Selbstbehauptung [7281]

GÜNTER BUTTLER / REINHOLD STROH
Einführung in die Statistik
Das Buch zum erfolgreichen Fernsehkurs [7318]

MICHAEL CANNAIN / WALTER VOIGT / B + I PROJEKTPLANUNG
Kühles Denken. Wie man mit Analogien gute Ideen findet, erfolgreich improvisiert und überzeugend argumentiert [7140]

Computer. Technik, Anwendung, Auswirkung [7147]

GISELA EBERLEIN
Gesund durch autogenes Training [6875]
Autogenes Training für Fortgeschrittene [6925]

MAREN ENGELBRECHT-GREVE / DIETMAR JULI
Streßverhalten ändern lernen. Programm zum Abbau psychosomatischer Krankheitsrisiken [7193]

BOBBY FISCHER
Bobby Fischer lehrt Schach [6870]

Dr. med. HANNA FRESENIUS
Sauna. Der ärztliche Führer zur Entspannung und Gesundheit durch richtiges Saunabaden [6999]

SIEGFRIED GRUBITZSCH / GÜNTER REXILIUS
Testtheorie – Testpraxis. Voraussetzungen, Verfahren, Formen und Anwendungsmöglichkeiten psychologischer Tests im kritischen Überblick [7157]

ULRICH KLEVER
Klevers Garantie-Diät. Schlank werden mit Sicherheit [7056]
Dein Hund, Dein Freund. Der praktische Ratgeber zu allen Hundefragen [7122]

MANFRED KÖHNLECHNER
Die Managerdiät. Fit ohne Fasten [6851]

WALTER F. KUGEMANN
Lerntechniken für Erwachsene [7123]

EDI LANNERS
Kolumbus-Eier. Tricks, Spiele, Experimente [7257]

RUPERT LAY
Dialektik für Manager. Einübung in die Kunst des Überzeugens [6979]

GERHARD LECHENAUER
Filmemachen mit Super 8 [7069]

LEHRLINGSHANDBUCH
Alles über die Lehre, Berufswahl, Arbeitswelt für Lehrlinge, Eltern, Ausbilder, Lehrer [6212]

PAUL LÜTH
Das Medikamentenbuch für den kritischen Verbraucher. Aktualisierte Ausgabe unter besonderer Berücksichtigung der alternativen rezeptfreien Medikamente [7362]

Mietrecht für Mieter. Juristische Ratschläge zur Selbsthilfe [7084]

ERNST OTT
Optimales Lesen. Schneller lesen – mehr behalten. Ein 25-Tage-Programm [6783]
Optimales Denken. Trainingsprogramm [6836]

Das Konzentrationsprogramm. Konzentrationsschwäche überwinden – Denkvermögen steigern [7099]
Intelligenz macht Schule. Denkspiele zur Intelligenzförderung für 8- bis 14jährige [7155]

SUSANNE VON PACZENSKY
Der Testknacker. Wie man Karriere-Tests erfolgreich besteht [6949]

DR. L. & L. PEARSON
Psycho-Diät. Abnehmen durch Lust am Essen [7068]

LAURENCE J. PETER
Das Peter-Programm. Der 66-Punkte-Plan, mit dem man Problemen, Pannen und Pleiten Paroli bieten kann [6947]

FRIEDRICH H. QUISKE /
STEFAN J. SKIRI / GERALD SPIESS
Arbeit im Team. Kreative Lösungen durch humane Arbeitsform [6926]

FERDINAND RANFT
Ferienratgeber für die Familie. [7279]

ALEKSANDR ROŠAL /
ANATOLIJ KARPOV
Schach mit Karpov. Leben und Spiele des Weltmeisters [7149]

GÜNTHER H. RUDDIES
Testhilfe. Testangst überwinden. Testerfolge erzielen in Schule, Hochschule, Beruf [7082]

WOLF SCHNEIDER
Wörter machen Leute. Magie und Macht der Sprache [7277]

HANS HERBERT SCHULZE
Lexikon zur Datenverarbeitung. Schwierige Begriffe einfach erklärt [6220]

HANS SELYE
Stress. Lebensregeln vom Entdecker des Stress-Syndroms [7072]

JACQUES SOUSSAN
Pouvez-vous Français? Programmierte Übungen zum Verlernen typisch deutscher Französischfehler [6940]

SIEGFRIED STERNER
Die Kunst zu wandern. Wann, wie und womit Wandern zum Erlebnis wird [7089]

HELMUT STEUER / CLAUS VOIGT
Das neue rororo Spielbuch. [6270]

SIEGBERT TARRASCH
Das Schachspiel. Systematisches Lehrbuch für Anfänger und Geübte [6816]

THE BOSTON WOMEN'S
HEALTH BOOK COLLECTIVE
Unser Körper – Unser Leben. Our Bodies, Ourselves. Ein Handbuch von Frauen für Frauen. Bd. 1 [7271], Bd. 2 [7272]

J. N. WALKER
Juniorschach 1. Die ersten Züge. Eröffnungsspiele spielend gelernt [7144]
Juniorschach 2. Angriff auf den König. Mittelspiele spielend gelernt [7145]

W. ALLEN WALLIS /
HARRY V. ROBERTS
Methoden der Statistik. Anwendungsbereiche. 400 Beispiele, Verfahrenstechniken [6091]

DR. HEINRICH WALLNÖFER
Besser als tausend Pillen. Ratgeber der Gesundheitspflege. Mittel und Methoden zur gefahrlosen Selbstbehandlung im Krankheitsfall. Mit 100 Abb. im Text und 10 Tabellen [6152]

BERND WEIDENMANN
Diskussionstraining. Überzeugen statt überreden, Argumentieren statt attackieren [6922]

MARTIN F. WOLTERS
Der Schlüssel zum Computer. Einführung in die elektronische Datenverarbeitung. Eine programmierte Unterweisung.
Band 1: Leitprogramm [6839]
Band 2: Textbuch [6840]

Kaufmännisches Grundwissen strukturiert.
Der Schlüssel zum Industriebetrieb

Band 1: Struktur des Unternehmens und Stellung [7110]

Band 2: Entscheidungen im Beschaffungs-, Produktions- und Absatzbereich [7111]

Band 3: Entscheidungen im Finanzbereich und großer Schlußtest mit Planungsbeispiel [7112]

Kaufmännisches Grundwissen strukturiert.
Der Schlüssel zur Bilanz [7113]

Kaufmännisches Grundwissen strukturiert.
Der Schlüssel zur Betriebswirtschaft [7135]

Der Schlüssel zur Kostenrechnung von Walter Zorn. [7253]

Der Schlüssel zum Programmieren von Claus Jordan und Manfred Bues, Band 1: Textbuch [7314], Band 2: Leitprogramm [7315]

Psychologie des Alltags

Thomas Ayck/Inge Stolten
Kinderlos aus Verantwortung
204 Seiten. Kart.

Lieselotte Bappert
Der Knoten
Vertrauen und Verantwortung im
Arzt-Patient-Verhältnis am
Beispiel Brustkrebs
190 Seiten. Kart.

Eric Berne
Spiele der Erwachsenen
Psychologie der menschlichen
Beziehungen. rororo sachbuch 7263

Elisabeth Dessai
**Auf dem Weg in die
kinderlose Gesellschaft**
221 Seiten. Kart.

Wayne W. Dyer
Der wunde Punkt
12 Therapieschritte zur
Überwindung der seelischen
Problemzonen. 258 Seiten. Geb.

Julius Fast
Körpersprache
Das Verhalten des Körpers verrät
das Wesen des Menschen
304 Seiten. Geb.

Frederic Flach
Depression als Lebens-Chance
227 Seiten. Geb.

Maureen Green
Die Vater-Rolle
220 Seiten. Brosch.

Muriel James und
Dorothy Jongeward
Spontan leben
Übungen zur Selbstverwirklichung
340 Seiten. Brosch.

Friedrich Klausmeier
**Die Lust,
sich musikalisch auszudrücken**
Eine Einführung in
soziomusikalisches Verhalten
319 Seiten. Brosch.

Stanley Milgram
Das Milgram-Experiment
Zur Gehorsamsbereitschaft
gegenüber Autorität. 257 Seiten
und 4 Seiten Tafelabbildungen.
Brosch.

Michael Lukas Moeller
Selbsthilfegruppen
Selbstbehandlung und
Selbsterkenntnis in eigen-
verantwortlichen Kleingruppen
445 Seiten. Brosch.

Dr. med. Raymond A. Moody
Lachen und Leiden
Über die heilende Kraft des
Humors. 152 Seiten. Kart.

Christian Weisbach/Monika Eber-
Götz/Simone Ehresmann
Zuhören und Verstehen
Eine praktische Anleitung mit
Übungen. 303 Seiten. Kart.

Jürg Willi
Die Zweierbeziehung
Spannungsursachen/Störungs-
muster/Klärungsprozesse/
Lösungsmodelle. Analyse des
unbewußten Zusammenspiels in
Partnerwahl und Paarkonflikt:
das Kollusions-Konzept
287 Seiten. Brosch.

Therapie der Zweierbeziehung
Analytisch orientierte
Paartherapie. Anwendung des
Kollusions-Konzeptes
Handhabung der therapeutischen
Dreiecksbeziehung
377 Seiten. Brosch.

Sprechstunden für die Seele
Psychiatrie und Psychoanalyse
verständlich gemacht
rororo sachbuch 6777

Rowohlt

rororo sachbücher
Praktisches Wissen

6875

6925

7193

6999

7355

7072

7089

7178

7365